Michel et l'Autre

Régine Boutégège - Susanna Longo

Rédaction : Domitille Hatuel, Cristina Spano
Conception graphique : Nadia Maestri
Mise en page : Tiziana Pesce
Illustrations : Alberto Stefani

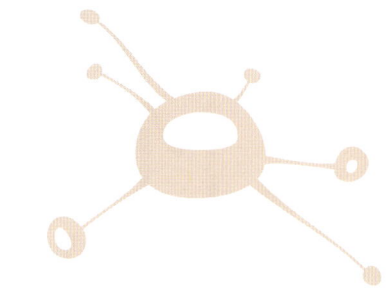

© 2005 Cideb

Tous droits réservés. Toute représentation ou reproduction intégrale ou partielle de la présente publication ne peut se faire sans le consentement de l'éditeur.

L'éditeur reste à la disposition des ayants droit qui n'ont pu être joints, malgré tous ses efforts, pour d'éventuelles omissions involontaires et/ou inexactitudes d'attribution dans les références.

Vous trouverez sur le site blackcat-cideb.com (espace étudiants et enseignants) les liens et adresses Internet utiles pour compléter les dossiers et les projets abordés dans le livre.

Pour toute suggestion ou information la rédaction peut être contactée à l'adresse suivante :
info@blackcat-cideb.com

ISBN 978-88-530-0235-8 livre + CD

Imprimé en Italie par Litoprint, Gênes

SOMMAIRE

CHAPITRE 1	Michel et le petit prince	5
	ACTIVITÉS	9
CHAPITRE 2	Michel est prisonnier	16
	ACTIVITÉS	20
CHAPITRE 3	Dans la peau de Michel	28
	ACTIVITÉS	32
CHAPITRE 4	Comme le fil d'Arianne	38
	ACTIVITÉS	42
CHAPITRE 5	Le petit prince au collège	49
	ACTIVITÉS	54
	Les jeux vidéo	59

CHAPITRE 6	Michel dans le champ miné	62
	ACTIVITÉS	67

CHAPITRE 7	Le petit prince fait la fête	73
	ACTIVITÉS	78

CHAPITRE 8	Ce n'est qu'un jeu	85
	ACTIVITÉS	89
	TEST FINAL	94

Le texte est intégralement enregistré.

 Ce symbole indique le numéro de la piste.

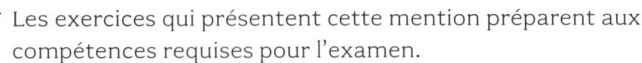 Les exercices qui présentent cette mention préparent aux compétences requises pour l'examen.

CHAPITRE 1
Michel et le petit prince

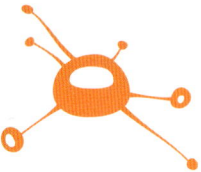 « J'ai trop de devoirs... C'est toujours comme ça ! Je dois passer tous mes dimanches à la maison. Julie sort toujours, et moi, je suis puni[1]... »

Michel, fatigué, regarde sa montre : il est tard et il n'a pas terminé ses exercices de maths. Bientôt ses parents rentreront et ils lui demanderont s'il a bien travaillé.

Il lit et relit l'exercice. Il referme son livre et son cahier, puis allume son ordinateur.

« La, la, la... » La musique est énervante. Le petit prince du jeu vidéo regarde Michel d'un air étonné.

Michel positionne ses doigts sur le clavier : ça y est ! le départ est donné... Clic, il appuie sur la souris[2] : la flèche se déplace.

« La, la, la... » Il doit sauver la princesse...

Un long couloir. Une porte. Un labyrinthe[3]. Le petit prince court.

---

1. **Punir** : infliger une punition, ici obliger Michel à rester à la maison.
2. **La souris** : « mouse » que l'on utilise pour déplacer le curseur de l'ordinateur.
3. **Un labyrinthe** : lieu d'où l'on sort difficilement.

Michel et l'Autre

Clic, Michel appuie encore sur la touche gauche de la souris.

Le petit prince est fatigué de toujours courir. Il s'arrête pour reprendre son souffle. Mais Michel, impatient, l'oblige à continuer. Il clique[1] toujours.

« La, la, la... » La musique devient très forte. Le petit prince se trouve devant une grosse sentinelle. Elle l'arrête.

— Stop ! dit-elle. Où allez-vous ?

— Je vais libérer ma princesse, fait le petit prince.

— Vous ne pouvez pas passer ! hurle la sentinelle.

— Je veux passer, répond le petit prince.

— Alors, vous devez me tuer ! crie la sentinelle.

— Mais, je ne veux pas vous tuer, dit le petit prince.

— C'est le jeu, répond la sentinelle.

— Et moi, je ne veux plus jouer, répond le petit prince. Michel, au secours, crie le petit prince... Arrête, ne m'oblige pas à tuer cet homme !

Mais Michel continue.

« La, la, la... »

— Arrête cette musique, Michel ! crie encore le petit prince.

Michel n'entend pas.

Le petit prince est fatigué.

Alors la sentinelle prend son épée et menace le petit prince.

— En garde !

Le petit prince est obligé d'accepter le combat, encore une

---

1. **Cliquer** : appuyer sur la touche de la souris. Verbe utilisé uniquement en informatique.

Michel et l'Autre

fois. Il prend son couteau, il n'a pas d'épée. Le petit prince est tout petit, la sentinelle est très grande. Ils luttent. Le petit prince est agile, la sentinelle, au contraire, est lente et lourde. Le petit prince est blessé.

— Michel, aide-moi ! crie le petit prince.

Michel n'entend pas. Il est en colère.

— Je ne comprends rien à ce jeu. La sentinelle est toujours la plus forte. Il faut trouver la touche qui sauvera le petit prince.

Michel appuie sur les touches.

— Éteins[1] l'ordinateur ! supplie le petit prince.

Michel n'entend pas. Il continue. Il réfléchit. Il n'y a pas de solution. Le petit prince va encore mourir.

« Tant pis... je trouverai la solution la prochaine fois » pense-t-il. Il appuie sur le bouton de l'ordinateur.

« Ouf ! fait le petit prince, je suis sauvé ! Je dois essayer de comprendre comment battre la sentinelle. »

— $(a + b)^2 = a^2 + 2ab + b^2$

Qu'est-ce que cela signifie ? Je n'y comprends rien du tout...

Michel regarde ses exercices de maths. Il regarde sa montre, il regarde son ordinateur.

Puis, « La, la, la... ». Il n'a pas résisté, il a de nouveau appuyé sur sa souris.

Tout à coup, la souris ne lui obéit plus et...

AAAAAHHHHHH !!!!!!... un grand bruit... ATTENTION....... !!!!!!

---

1. **Éteindre** : appuyer sur l'interrupteur pour arrêter un appareil (contraire d'*allumer*).

| A C T I V I T É S |

Compréhension **orale**

DELF 1 Suivez l'enregistrement du chapitre à partir de « il doit sauver la princesse » et corrigez les erreurs.

Un couloir et une porte. Un labyrinthe. Le prince court.
....
Michel clique encore sur la touche gauche de la souris.
....
Le petit prince, fatigué, doit toujours courir. Il s'arrête pour reprendre
....
son souffle. Michel, impatient, l'oblige à continuer. Clic toujours.
....
« La, la… » La musique est très forte. Le petit prince se trouve devant une
....
grande sentinelle. Elle l'arrête.
....
— Alt ! fait-elle. Où vous allez ?
....
— Je vais libérer la princesse, dit le petit prince.
....
— Vous ne pouvez pas passer ! crie la sentinelle.
....
— Je dois passer, répond le petit prince.
....
— Vous devez me tuer ! crie la sentinelle.
....
— Mais, je ne peux pas vous tuer, dit le petit prince.
....
— C'est dans le jeu, répond la sentinelle.
....

ACTIVITÉS

DELF **2** Écoutez encore une fois l'enregistrement et dites si les affirmations sont vraies (V) ou fausses (F).

	V	F
1. Michel reste à la maison parce qu'il a des devoirs à faire.	☐	☐
2. Le petit prince doit sauver la sentinelle.	☐	☐
3. Pour faire avancer la flèche, Michel appuie sur le clavier.	☐	☐
4. La sentinelle doit se battre avec le petit prince parce que c'est le jeu.	☐	☐
5. Le petit prince lutte avec son épée.	☐	☐
6. Le petit prince est très grand.	☐	☐
7. Michel aime beaucoup les maths.	☐	☐
8. Michel allume de nouveau son ordinateur.	☐	☐

Compréhension **écrite**

Les personnages de l'histoire

1 Comment est Michel ?

Ce qu'il aime : ....
Ce qu'il n'aime pas : ....

Comment est le petit prince ?

Son physique : ....
Ce qu'il veut : ....

Comment est la sentinelle ?

Son physique : ....
Son rôle dans l'histoire : ....

Enrichissez votre **vocabulaire**

1 Complétez le texte à l'aide du vocabulaire du chapitre.

Michel joue avec son **1** .... Le petit prince, personnage de son jeu vidéo, doit **2** .... Il rencontre **3** .... qui ne veut pas le faire passer. Il est donc obligé de **4** .... Michel **5** .... son ordinateur et continue .... Mais de nouveau, il **6** .... l'ordinateur.

2 Retrouvez les mots qui correspondent aux objets.

> un clavier   une souris   une imprimante   un écran
> une touche   une flèche   un interrupteur

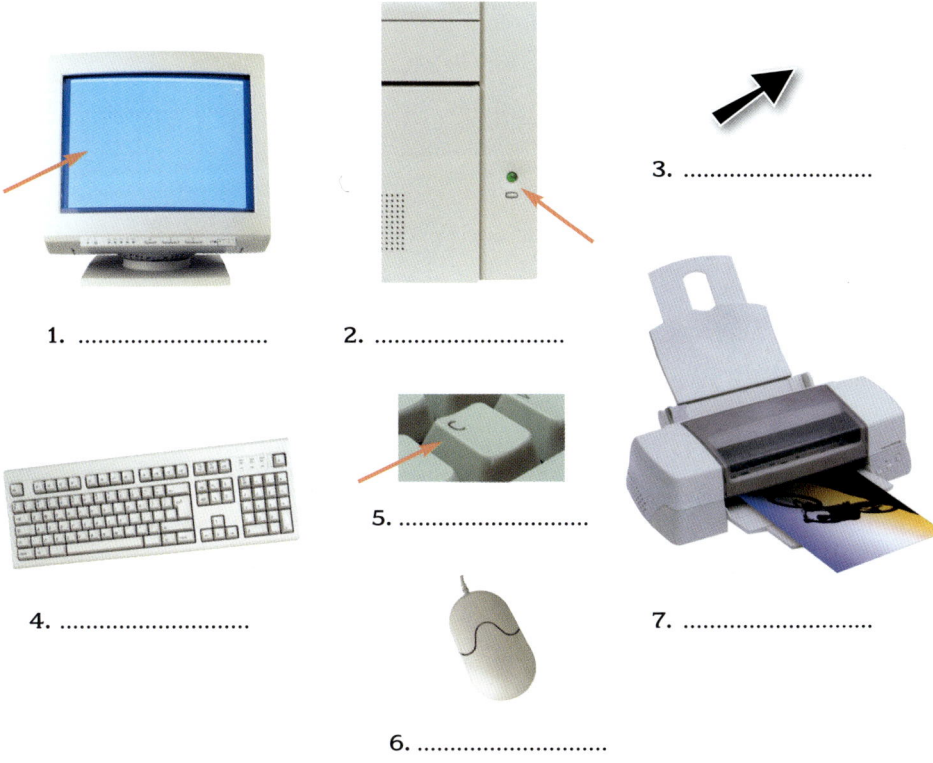

1. ....
2. ....
3. ....
4. ....
5. ....
6. ....
7. ....

ACTIVITÉS

3 **Complétez les verbes.**

1. Michel a _ _ _ _ e son ordinateur.
2. Il p _ _ _ _ _ _ _ _ e ses doigts sur le clavier.
3. Il a _ _ _ _ e sur la souris.
4. La flèche se d _ _ _ _ _ e sur l'écran.
5. Il a _ _ _ _ e sur la touche.
6. Il c _ _ _ _ e sur l'icône* du jeu.
7. Il é _ _ _ _ t son ordinateur.

4 **Dites le contraire (vous trouverez les solutions dans votre texte).**

1. Michel *allume* son ordinateur / ....
2. La flèche *reste immobile* / ....
3. Le petit prince *s'arrête de* courir / ....
4. Il se trouve *derrière* la sentinelle / ....
5. Le petit prince *refuse* le combat / ....
6. Le petit prince est *lourd* / ....

5 **Voici des mots utiles pour écrire à l'ordinateur. Associez chaque terme à sa définition.**

1. ☐ Un fichier
2. ☐ Un courriel
3. ☐ Sauvegarder
4. ☐ Effacer
5. ☐ Imprimer

a. Un message électronique
b. Faire disparaître un document de son ordinateur
c. Faire passer un document sur du papier
d. Un ensemble de documents
e. Mettre un document sur la mémoire de l'ordinateur ou sur une disquette

* **l'icône** : le dessin qui représente le jeu.

Grammaire

Il faut

Il faut trouver la touche qui sauvera le petit prince.

- **Il faut** est la forme impersonnelle du verbe *falloir* ; il est toujours à la troisième personne du singulier. On l'emploie avec un infinitif pour exprimer une obligation :

  Il faut finir l'exercice ; il ne faut pas jouer.

- Ce verbe peut aussi être suivi d'un substantif :

  *Pour ce jeu, **il faut beaucoup de patience et de rapidité.***
  *Pour **étudier, il faut un livre et un cahier.***

- Quand **il faut** est suivi d'un mot exprimant une notion de temps, il désigne le temps nécessaire pour faire quelque chose :

  ***Il faut une heure** pour arriver au collège.*
  ***Il faut dix minutes** pour terminer le jeu.*

1 Michel aimerait bien savoir comment sauver le petit prince et la princesse. Aidons-le ! Voici le mode d'emploi du jeu vidéo. Transformez les verbes à l'impératif en employant *il faut* ou *il ne faut pas* + infinitif.

Appuie très vite sur la touche gauche ; ne t'arrête surtout pas ! Ne
....
parle pas avec la sentinelle ; quand elle prend son épée, appuie sur la
....
touche droite ; ne te bats pas avec elle ! Passe entre ses jambes ; cours
....
et saute très haut ! Tu es enfin chez ta princesse. Pour la délivrer,
....
embrasse-la.
....

ACTIVITÉS

2 Et pour être un bon élève, que faut-il faire ? Que ne faut-il pas faire ? Donnez des conseils à Michel : il en a besoin !

1. Faire ses devoirs tous les jours / ....
2. Dormir en classe / ....
3. Passer des heures à jouer avec l'ordinateur /.................................
4. Copier sur son voisin / ....
5. Parler en classe avec ses amis / ....
6. Apprendre ses leçons / ....

3 Répondez en employant *il faut* suivi d'un substantif ou d'un infinitif.

1. Combien de temps faut-il pour s'habiller le matin ?
   ....
2. Que faut-il pour jouer au football ?
   ....
3. Que faut-il faire pour punir Michel ?
   ....
4. Que faut-il faire pour devenir grand ?
   ....
5. Que faut-il pour jouer à des jeux vidéo ?
   ....

Que dites-vous ?

Le verbe **dire** est très irrégulier... mais indispensable !

Présent de l'indicatif
je dis
tu dis
il / elle / on dit
nous disons
vous dites
ils / elles disent

Participe passé : dit

ACTIVITÉS

4 Conjuguez le verbe *dire* au présent dans les phrases suivantes.

1. Je vais libérer la princesse, (*dire*)........................ le petit prince. Michel et sa sœur ne lui (*dire*)........................ rien parce qu'ils savent que le jeu se terminera bientôt.
2. Je ne (*dire*)........................ pas cela pour lui faire peur, mais je sais qu'il rencontrera la sentinelle, (*dire*)........................ Michel.
3. Vous (*dire*)........................ qu'il se sauvera, (*dire*)........................ Michel à ses amis.
4. Le petit prince et la sentinelle (*dire*)........................ qu'ils veulent arrêter le jeu : nous ne (*dire*)........................ plus rien, nous voulons seulement nous reposer.
5. Quand je te (*dire*)........................ de faire tes devoirs, tu dois éteindre ton ordinateur ! (*dire*)........................ la maman de Michel.

Production **écrite**

DELF 1 Imaginez une suite.

1. L'ordinateur explose, un incendie brûle la maison de Michel. Les pompiers arrivent et sauvent Michel. France 2, l'une des principales chaînes de la télé française, filme Michel qui devient célèbre. Racontez ! ....
   ....
2. Les parents de Michel arrivent ; ils le voient jouer avec son ordinateur et le punissent. Racontez. ....
   ....
3. Ou encore... imaginez ! ....
   ....

CHAPITRE 2
Michel est prisonnier

— Mais où suis-je ? Qu'est-ce que je fais là ? Mais..., c'est le labyrinthe de mon jeu sur mon ordinateur !... .

Michel se frotte les yeux.

— Je dors, ce n'est pas possible !...

Michel est inquiet. Comment est-il arrivé ici ? Qu'est-ce qui s'est passé ? Il a peut-être appuyé sur un mauvais bouton ? Il rêve, c'est sûr. Il se lève et touche les murs du labyrinthe : il passe sa main en haut, en bas, partout.

Mais non, les murs autour de lui sont bien réels. Alors il se met à courir, à courir. Il n'y a pas de sortie ! Il est fatigué... Il s'assied.

— Je vais me réveiller, c'est un rêve, j'en suis sûr, répète-t-il. Maman ! crie-t-il, au secours, sauve-moi !

Personne ne répond. Il a faim. Il regarde sa montre : ses parents sont certainement arrivés. Ils vont sûrement le libérer. Ils vont découvrir qu'il est là, dans l'ordinateur.

Tout à coup une lumière s'allume, il soupire :

— On va me sortir de là !

Il regarde sur sa gauche, une tête, énorme, monstrueuse apparaît sur l'écran de l'ordinateur. Il ferme les yeux et cache sa

Michel est prisonnier

tête dans ses mains. Puis, il regarde de nouveau, il voit son bureau, sa chambre, son lit, ses avions et l'affiche de l'équipe de l'OM [1].

— Ah, fait-il soulagé [2], c'est bien un rêve, un cauchemar, et il va bientôt se terminer.

Il se retourne.

— Mais les murs sont encore là, s'exclame-t-il, et je suis encore prisonnier ! Ça y est, j'ai compris : c'est moi qui suis dans l'ordinateur et l'écran, je le vois de l'intérieur. Je suis complètement fou... Ce n'est pas possible !!!

La tête s'approche de plus en plus et la lumière est encore plus forte. Une explosion se produit.

— Mon dieu, qu'est-ce que c'est ? crie encore Michel.

Cette tête, c'est celle du petit prince ! Il a pris sa place. Il se trouve devant l'ordinateur et s'amuse avec le clavier. Il est tout content.

Et la musique recommence : « La, la, la... »

— Alors, tu aimes ça ? demande le petit prince. Tu vas voir, tu vas bien t'amuser...

Michel entend la porte de sa chambre s'ouvrir. Il voit sa mère. Il est sûr qu'elle va le libérer.

— Alors Michel, tu as fait tes devoirs ?

— Oui, maman.

— Même tes exercices de maths ?

— Bien sûr, regarde.

— Montre-moi ton cahier de textes [3]. Combien d'exercices as-tu faits ?

— Contrôle, j'ai fait tous mes exercices, regarde. Les numéros

1. **L'OM** : l'Olympique de Marseille, très importante équipe de football.
2. **Soulagé** : calmé, tranquillisé.
3. **Le cahier de textes** : le cahier sur lequel l'élève écrit les devoirs à faire à la maison.

Michel et l'Autre

5, 6, 7, 8, 9, 12 et 15 page 113.

— Oui, oui, tu as raison. Tu les as tous faits. C'est étrange. Tu n'es pas malade ? Tu vois, quand tu veux, tu y arrives. Les punitions sont utiles...

— Oui, maman, fait une voix très sage.

— Maman ! Maman ! C'est un imposteur, lui, ce n'est pas moi. Tu ne vois pas la différence ? crie Michel derrière l'écran.

— Bon, je suis contente de toi. Maintenant, Michel, éteins ton ordinateur et viens dîner. N'oublie pas de te laver les mains !

— Maman ! Ne t'en va pas ! crie Michel dans l'ordinateur. C'est un imposteur. Il a pris ma place. Ce n'est pas le vrai Michel. Maman ! Maman ! crie-t-il plus fort.

Sa mère ne voit rien. Elle caresse la tête du petit prince, puis lui donne un baiser sur le front.

— Bon, viens vite, je vais annoncer la bonne nouvelle à ton père.

— Maman, maman, ne t'en va pas ! hurle Michel désespéré. Sa mère ne l'entend pas, elle a déjà fermé la porte.

Le petit prince s'assied devant l'ordinateur. Il appelle :

— Michel, Michel, hou hou, Michel.

Michel se met en face de l'écran.

— Allez, libère-moi maintenant.

— Te libérer ? fait le petit prince, pas question [1]! Je vais enfin pouvoir être tranquille.

— Laisse-moi partir, je t'en prie.

— Rien à faire, je vais aller dîner, et puis je t'ai assez vu !

Et il éteint l'ordinateur...

— Non, petit prince, noooonnnnnn... La voix de Michel devient de plus en plus faible, puis, on ne l'entend plus du tout...

---

1. **Pas question** ! : le petit prince n'est pas d'accord, il n'accepte pas la proposition de Michel.

ACTIVITÉS

Compréhension **orale**

DELF 1 Écoutez l'enregistrement du chapitre et dites si les affirmations sont vraies (V) ou fausses (F).

	V	F
1. Michel se retrouve dans l'ordinateur.	☐	☐
2. Le petit prince a pris la place de Michel.	☐	☐
3. Michel est dans une grande forêt.	☐	☐
4. Michel s'amuse beaucoup.	☐	☐
5. La maman cherche Michel partout.	☐	☐
6. La maman croit que le petit prince est Michel.	☐	☐
7. Le petit prince est très fort en maths.	☐	☐
8. Michel crie pour attirer l'attention de sa maman.	☐	☐
9. Sa maman l'entend, mais ne le voit pas.	☐	☐
10. Quand le petit prince éteint l'ordinateur, Michel disparaît.	☐	☐

2 Écoutez de nouveau l'enregistrement du chapitre et complétez le texte.

Il **1** .... sur sa gauche, une tête, énorme, monstrueuse, apparaît sur **2** .... de l'ordinateur. Il **3** .... les yeux et **4** .... sa tête dans ses mains. Puis, il **5** .... de nouveau, il **6** .... son bureau, sa chambre, son lit, ses avions et l'affiche de l'équipe de l'OM.

— Ah, **7** .... -il soulagé, **8** .... bien un rêve, un cauchemar, et il **9** .... bientôt se terminer.
Il se **10** ....
— Mais les murs **11** .... encore là !, s'exclame-t-il, et je **12** .... encore prisonnier ! Ça y **13** ...., **14** .... compris : c'est moi qui **15** .... dans l'ordinateur et l'écran, je le **16** .... de l'intérieur. Je **17** .... complètement fou...
Ce **18** .... pas possible !!!
La **19** .... s'approche de plus en plus et la **20** .... est encore plus forte. Une explosion **21** .... produit.

20

A C T I V I T É S

3 **Remettez les phrases du résumé dans l'ordre, en les numérotant de 1 à 9. Puis, rédigez le résumé.**

- a. ☐ Puis il comprend qu'il est à l'intérieur de son ordinateur et que le petit prince a pris sa place.
- b. ☐ Quand Michel ouvre les yeux, il se retrouve dans un labyrinthe. D'abord, il croit qu'il est en train de rêver.
- c. ☐ Michel se met à hurler pour attirer l'attention de sa maman.
- d. ☐ Dans la chambre, le petit prince se met à jouer avec l'ordinateur.
- e. ☐ Elle fait des compliments au petit prince, parce qu'il a fait tous ses exercices de maths.
- f. ☐ Puis elle lui demande de descendre pour le dîner.
- g. ☐ Mais sa maman ne le voit pas, elle croit que le petit prince est Michel.
- h. ☐ Heureusement la maman de Michel entre dans la chambre : Michel est sûr qu'elle va le délivrer.
- i. ☐ Alors, le petit prince éteint l'ordinateur et Michel disparaît.

4 **Corrigez les erreurs qui se sont glissées dans ce résumé.**

Michel se retrouve dans le jeu vidéo, avec sa sœur Julie. Il voit sa

....

maman entrer dans sa chambre, et il l'entend demander au petit prince

....

s'il a fini ses devoirs de français. Dans l'ordinateur, Michel regarde sa

....

mère en silence. Il demande au petit prince de le faire jouer, mais le

....

petit prince refuse, et il éteint l'ordinateur.

....

Grammaire

Ce ou *Se* ?

*Michel **se** frotte les yeux.*
***Ce** n'est pas possible.*
***Ce** labyrinthe.*

- **Se** est un pronom personnel réfléchi. On l'emploie avec les verbes réfléchis, à la troisième personne du singulier et du pluriel :

  *Michel **se** frotte les yeux ; les enfants **se** battent.*

- **Ce** est un adjectif démonstratif masculin singulier. On l'emploie devant les noms masculins commençant par une consonne ou un h aspiré :

  ***Ce** labyrinthe ; **ce** héros.*

- **Ce** est aussi un pronom démonstratif neutre. On le trouve devant le verbe *être* à la troisième personne :

  ***Ce** n'est pas possible ; **ce** sera amusant.*

- **Ce** est aussi un présentatif : il précède le verbe *être* suivi d'un déterminant et d'un nom, ou d'un pronom personnel :

  ***Ce** sont ses parents ; c'est mon professeur ; c'est lui.*

1 Relisez attentivement le chapitre et classez les *se* et *ce* que vous trouvez.

pronom réfléchi	pronom neutre	adjectif démonstratif	présentatif
il se frotte	*ce n'est pas possible*	*ce labyrinthe*	*c'est un rêve*

22

ACTIVITÉS

2 Le petit prince veut prendre la place de Michel. Il doit tout savoir sur lui. Complétez avec *ce, c'* ou *se*.

Michel, **1** .... est un gentil garçon. Tous les matins, il **2** .... lève à 7 heures. Il **3** .... lave, et il prend son petit-déjeuner. **4** .... cartable rouge, par terre, est à lui. Il y met ses livres, et va à l'école. **5** .... n'est pas sa mère qui l'accompagne. Parfois, il **6** .... réveille trop tard, et il doit **7** .... dépêcher pour ne pas être en retard. Il désire ne plus aller à l'école, mais **8** .... n'est pas possible. Le soir, quand il rentre, il **9** .... dispute toujours avec sa sœur. Il crie, il lui tire les cheveux ! **10** .... sont ses parents qui doivent **11** .... mettre en colère. Vraiment, **12** .... garçon est très sympathique, mais il est souvent terrible. Vivre avec lui, **13** .... n'est pas toujours facile !

3 Formez des phrases avec les groupes de mots suivants.

Exemple : se / ce / par la fenêtre / prisonnier / sauvera :
Ce prisonnier se sauvera par la fenêtre.

1. se / ce / petit garçon / perdre / a peur de / dans la forêt
   ....

2. se / ce / mettre à la place / n'est pas facile / du petit prince
   ....

3. se / ce / termine mal / rêve
   ....

4. se / ce / répète que / Michel / n'est qu'un cauchemar
   ....

5. se / ce / lave les mains avec / Michel / savon à la lavande
   ....

ACTIVITÉS

Le verbe *s'asseoir*

Le verbe **s'asseoir** est plutôt compliqué... et pourtant bien utile ! Il faut le connaître :

Présent de l'indicatif	Impératif	Passé composé
je m'assieds		je me suis assis(e)
tu t'assieds	assieds-toi !	tu t'es assis(e)
il/elle/on s'assied		il/elle/on s'est assis(e)
nous nous asseyons	asseyons-nous !	nous nous sommes assis(es)
vous vous asseyez	asseyez-vous !	vous vous êtes assis(es)
ils/elles s'asseyent		ils/elles se sont assis(es)

❹ Complétez ce petit texte, en mettant le verbe *s'asseoir* au mode, au temps et à la personne qui conviennent : participe passé, infinitif, présent ou impératif.

Madame Lavoine rend visite à Madame Bilboc :

Mme Bilboc : Bonjour, Madame Lavoine, comment allez-vous ? Entrez, 1 ....-vous !

Mme Lavoine : Merci, mais je suis restée 2 .... toute la journée, je préfère rester debout !

Mme Bilboc : Mais non, il faut vous 3 .... ! Nous allons bavarder un peu !

Mme Lavoine : Bon, si vous insistez... Où je m'4 ...., ici ?

Mme Bilboc : Non, surtout pas ici ! Si vous vous 5 .... sur cette chaise, elle risque de se casser ! C'est une vieille chaise, très précieuse !

Mme Lavoine : Alors, dites-moi où je dois m'6 .... !

Mme Bilboc : Venez, 7 ....-nous là, sur le divan !

Miaouououuou !!!!

(Mme Lavoine se lève en hurlant)

Mme Lavoine : Ahhhhhhh ! Qu'est-ce qui se passe ?

Mme Bilboc : Pauvre Minou ! Vous vous êtes 8 .... sur mon chat !

ACTIVITÉS

Enrichissez votre **vocabulaire**

1 Voici la chambre de Michel ; décrivez-la. Utilisez ces quelques prépositions et locutions : *contre, au milieu de, en haut, en bas, à droite, à gauche, au-dessous, au-dessus.*

ACTIVITÉS

2 Il y a dans ce chapitre des mots appartenant au champ lexical de la maison et à celui des études. Retrouvez-les.

la maison	les études
les murs	les devoirs
la chambre	les exercices de maths
....	....
....	....
....	....

3 Complétez ce petit texte avec les mots suivants.

> avions   armoire   lit   contre   chambre   livres   étagères
> ordinateur   en face   bureau   petit   leçons   au-dessus

La maman de Michel a décidé de refaire sa chambre. Elle discute avec l'architecte.

— Alors, Madame, que voulez-vous mettre dans la **1** .... de votre fils ?

— Eh bien, un **2** .... pour dormir, un **3** .... pour faire ses devoirs, et pour apprendre ses **4** .... Et puis une **5** .... pour mettre ses vêtements.

— Vous voulez un **6** .... bureau ou un grand bureau ?

— Un grand. Mon fils adore les jeux vidéo, il a un **7** ...., il faut de la place pour le mettre.

— Oui, bien sûr. Où voulez-vous mettre le lit ?

— **8** .... le mur, à gauche.

— Et l'armoire ?

— **9** .... du lit.

— Vous voulez mettre des **10** .... contre le mur ?

— Oui, bien sûr ! Je veux beaucoup d'étagères **11** .... du bureau. pour mettre les **12** ...., et sa collection de petits **13** ....

ACTIVITÉS

4 Ces définitions correspondent à des mots qui se trouvent dans le chapitre. Attention, chaque mot désigne plusieurs choses tout à fait différentes. Retrouvez-les.

1. C'est un endroit d'où il est difficile de sortir, mais c'est aussi une partie de l'oreille : c'est ....

2. Il y en a sur une plante avant les fleurs, on en a sur le visage quand on a de l'acné, on appuie dessus pour allumer la lumière ou un appareil : c'est ....

3. Dans votre chambre, il y en a un pour faire vos devoirs, votre papa ou votre maman y va tous les jours pour travailler : c'est ....

4. Pour la trouver, il faut chercher la porte ; avec des amis, on peut en faire une et aller se promener : c'est ....

Production **écrite**

DELF 1 Michel est prisonnier, il crie au secours, mais personne ne vient l'aider. C'est une situation terrible et angoissante. Essayez d'imaginer une situation analogue, plus courante : vous êtes prisonnier d'un ascenseur.

1. Vous prenez l'ascenseur et l'ascenseur se bloque. Que faites-vous d'abord ? (racontez ce que vous faites pour faire repartir l'ascenseur...)

2. Vous comprenez que vous êtes prisonnier et que vous ne pouvez rien faire. Il faut de l'aide. Que faites-vous ? (vous appelez, vous criez, vous hurlez...)

3. Personne ne répond. Quels sont vos sentiments ? Tout à coup, vous entendez un bruit : il y a quelqu'un dans l'immeuble. Que ressentez-vous ? Que faites-vous ? (espoir, vous êtes sûr qu'on va vous entendre et vous délivrer : vous appelez...)

4. Conclusion : on vous entend (on vous délivre, vous êtes soulagé) ou bien personne ne vous entend (vous restez bloqué dans l'ascenseur...)

CHAPITRE 3
Dans la peau de[1] Michel

— Maman, je peux me lever de table ? demande le petit prince à Mme Duvillier. Il y a un documentaire de Jacques-Yves Cousteau à la télé.

— Tiens, tiens, depuis quand tu aimes regarder les documentaires ?

— Notre professeur de français nous a demandé de regarder cette émission, fait le petit prince tout sérieux.

— Bon, si c'est ton professeur de français qui te l'a demandé... Mais, ne mets pas le son trop haut, ça peut déranger[2] les voisins.

— Bien sûr, maman, répond le petit prince. Il range[3] sa serviette dans le tiroir du buffet, puis va s'installer dans le salon. Là, il allume la télé, s'assied dans un fauteuil et regarde tranquillement l'émission de Cousteau : c'est un documentaire sur les baleines.

---

1. **Dans la peau de** : à la place de.
2. **Déranger** : ennuyer, importuner.
3. **Ranger** : mettre à sa place.

Dans la peau de Michel

Julie, sa sœur, plus âgée que lui d'un an, demande :

— Vous ne trouvez pas qu'il est bizarre ? Il a mangé toute sa viande et ses carottes, sans rien dire, je rêve...

— Pour une fois que ton frère est tranquille, laisse-le. Je crois que la punition lui a servi de leçon.

— Vous n'êtes jamais contents. S'il est infernal, vous le disputez, s'il est gentil, vous le trouvez bizarre. Laissez-le tranquille, ce gamin ! fait monsieur Duvillier, un peu énervé.

Mme Duvillier débarrasse la table, range la bouteille de vin dans le frigo et la bouteille d'eau dans le placard, elle enlève la nappe, puis elle met les assiettes sales dans le lave-vaisselle. Julie l'aide :

— Parce qu'il a été gentil, c'est moi qui dois faire tout le boulot[1] ! C'est toujours comme ça ! s'exclame-t-elle.

— Mais enfin, Julie, tu n'es pas raisonnable, Michel doit regarder ce documentaire pour son cours de français ! répond Mme Duvillier.

— Eh oui, les filles sont toujours les esclaves des hommes ! En tout cas, il me le paiera : demain, c'est lui qui fera les commissions.

— Écoute, Julie, ça suffit, tu veux bien ?

Pendant que Madame Duvillier continue de ranger la cuisine, son mari lit le journal et commente les nouvelles :

— Encore un autre scandale ! Le ministre de l'intérieur est en prison.

— Julie, demande Mme Duvillier, passe-moi le balai et va regarder la télé si tu veux !

---

1. **Le boulot** : (fam.) le travail.

Michel et l'Autre

— Oh, merci maman, je t'adore ! Elle l'embrasse sur la joue.

— Le ministre des finances est en prison... fait M. Duvillier.

— Jacques, arrête avec tes nouvelles, la politique, ça ne m'intéresse pas.

Julie entre dans le salon où elle trouve le petit prince assis bien sagement dans un fauteuil.

— Alors, c'est intéressant, ton documentaire ?

— Oui, c'est super. J'ai même vu la naissance d'une petite baleine !

Quelques instants plus tard...

— Eh, Michel, on change de chaîne ? C'est mortel [1] ton émission !

— Non, ce n'est pas fini, je veux regarder jusqu'au bout.

— Mais enfin, il y a un film sur France 2. Allez, arrête ta comédie, et change de chaîne !

— Tu n'as pas compris que notre prof de français veut qu'on regarde cette émission ! fait le petit prince en colère.

— Oh, ça va, ne te fâche pas [2] ! Si tu y tiens, regarde-le ton documentaire ! Et puis moi d'abord, je monte me coucher. Ah, au fait, quand tu rentreras dans ta chambre, ne fais pas de bruit comme toujours, ok ?

Julie sort de la pièce en se demandant ce qui a bien pu arriver à son frère. « Il est tout bizarre... » pense-t-elle.

---

1. **C'est mortel** : (fam.) c'est très ennuyeux.
2. **Se fâcher** : se mettre en colère.

ACTIVITÉS

Compréhension **orale**

DELF 1 Écoutez l'enregistrement du chapitre et cochez la bonne réponse.

1. Le petit prince demande à Mme Duvillier
   a. ☐ s'il peut se lever de table.
   b. ☐ s'il peut rester à table.
   c. ☐ s'il peut débarrasser la table.

2. Le petit prince doit regarder le documentaire de Jacques-Yves Cousteau
   a. ☐ parce que son professeur de géographie le lui a demandé.
   b. ☐ parce que son professeur de maths le lui a demandé.
   c. ☐ parce que son professeur de français le lui a demandé.

3. Le petit prince range sa serviette
   a. ☐ dans le buffet.
   b. ☐ dans le tiroir du buffet.
   c. ☐ dans le tiroir de la table.

4. Il va s'installer
   a. ☐ dans le salon.
   b. ☐ dans la cuisine.
   c. ☐ dans la salle.

5. Il allume
   a. ☐ la radio.
   b. ☐ le magnétoscope.
   c. ☐ la télé.

6. Il s'assied
   a. ☐ dans un fauteuil.
   b. ☐ sur le canapé.
   c. ☐ sur le divan.

7. Le documentaire est
   a. ☐ sur les lions.
   b. ☐ sur les requins.
   c. ☐ sur les baleines.

ACTIVITÉS

2 Répondez aux questions suivantes.

1. Où va le petit prince pour regarder la télé ?
2. Que va-t-il regarder à la télé ?
3. Que font ensuite Mme Duvillier et Julie ?
4. Pourquoi Julie doit-elle laisser le petit prince tranquille ?
5. Que lit M. Duvillier ?
6. Que dit Mme Duvillier de la politique ?
7. Que pense Julie du documentaire sur les baleines ?
8. Que décide donc de faire Julie ?
9. Comment trouve-t-elle le petit prince ?

3 Remettez ces phrases dans l'ordre. Puis écrivez le résumé du chapitre.

a. ☐ Julie est en colère contre le petit prince parce qu'il ne l'aide pas à ranger la cuisine.
b. ☐ Julie va se coucher parce que le petit prince ne veut pas changer de chaîne.
c. ☐ Julie est donc obligée d'aider sa mère.
d. ☐ Mme Duvillier donne l'autorisation au petit prince d'aller regarder la télé.
e. ☐ Mme Duvillier demande à Julie de laisser son frère tranquille.
f. ☐ Mme Duvillier nettoie la cuisine.
g. ☐ Mme Duvillier demande à son mari de ne pas commenter la politique car ça ne l'intéresse pas.
h. ☐ M. Duvillier lit le journal.
i. ☐ M. Duvillier demande à sa femme et à sa fille de laisser le petit prince tranquille.
j. ☐ M. Duvillier commente les nouvelles.
k. ☐ Le petit prince regarde le documentaire de J.-Yves Cousteau.
l. ☐ Le petit prince demande l'autorisation à Mme Duvillier de se lever de table.
m. ☐ Le petit prince ne veut pas changer de chaîne.

ACTIVITÉS

Compréhension **écrite**

❶ Lisez le chapitre et répondez aux questions suivantes.

1. Comment se comporte le petit prince ? Relevez ce qui est étrange pour la famille Duvillier et plus particulièrement pour Julie ; ce que Michel n'aime pas et ce qu'aime le petit prince ; ce que fait généralement Michel et ce que ne fait pas le petit prince.
2. Comment trouvez-vous Julie ? Présentez-la : son caractère, ses idées.
3. Que fait M. Duvillier ? Quel est son rôle dans ce chapitre ?

Grammaire

Ça ou *Sa* ?

- **Ça** est un pronom démonstratif neutre. On l'utilise surtout dans le langage familier où souvent il remplace le pronom démonstratif neutre **cela** :

    Ça peut déranger les voisins. → *cela peut déranger les voisins.*

    Ça (cela) ne remplace pas un substantif en particulier mais un groupe de mots ; ici **ça** remplace « mettre le son de la télé très haut ».

    C'est toujours comme ça, dit Julie → *c'est toujours la même chose.*

    Ça signifie : « Julie travaille toujours et Michel ne fait jamais rien sous prétexte que c'est un garçon ». On peut remplacer *comme ça* par **ainsi**.

- **Sa** est un adjectif possessif féminin, il se place devant un nom commençant par une consonne et indique la possession ; on l'utilise pour la troisième personne du singulier :

La mère de Michel	→ **sa** *mère*
La sœur de Michel	→ **sa** *sœur*
La télé de Mme Duvillier	→ **sa** *télé*
La joue de Mme Duvillier	→ **sa** *joue*

ACTIVITÉS

1 Complétez avec *sa* ou *ça*.

Le petit prince veut regarder le documentaire de J.-Y. Cousteau à la télé, **1** ………. l'intéresse beaucoup parce que **2** ………. copine Sophie est une passionnée de la nature.
3 ………. télé ne fonctionne pas bien car **4** ………. maison est entourée de montagnes : **5** ………. l'énerve, surtout parce que comme **6** ………., il ne pourra pas répondre aux questions de Sophie. Mais, **7** ………. n'est pas très grave car il peut enregistrer l'émission chez **8** ………. grand-mère qui possède un magnétoscope. **9** ………. mère lui a assuré qu'ils mettront une grosse antenne sur le toit de leur maison.

2 M. Duvillier lit le carnet scolaire de son fils à sa femme : ses notes sont catastrophiques. Imaginez ce qu'il dit et utilisez le pronom démonstratif *ça* et l'adjectif possessif *sa*. (N'oubliez pas d'accorder les adjectifs qualificatifs.)

Exemple : Regarder / note en maths / abominable
Regarde-ça, sa note en maths est abominable.

1. Lire / moyenne en histoire / très mauvais
   ……………………………………………………………………………………

2. Regarder / plus haute note / 10
   ……………………………………………………………………………………

3. Écouter / conduite / inqualifiable
   ……………………………………………………………………………………

4. Lire / meilleure appréciation / en gymnastique
   ……………………………………………………………………………………

5. Jeter un coup d'œil sur / méthode de travail / inexistant
   ……………………………………………………………………………………

6. Faire attention à / participation / nul
   ……………………………………………………………………………………

7. Écouter / mauvaise influence sur la classe / incontestable
   ……………………………………………………………………………………

ACTIVITÉS

Que mettez-vous ?

Encore un verbe irrégulier dont on a souvent besoin, *mettre* :

Présent de l'indicatif

> je mets
> tu mets
> il / elle / on met
> nous mettons
> vous mettez
> ils / elles mettent

Participe passé : mis

3 Conjuguez le verbe *mettre* au présent de l'indicatif.

Michel (*mettre*) **1** .... un pull sur ses épaules. Julie et sa mère (*mettre*) **2** .... la vaisselle sale dans le lave-vaisselle. Le petit prince (*mettre*) **3** .... une cassette vidéo dans le magnétoscope. Tu ne (*mettre*) **4** .... pas de savon dans le lave-vaisselle. Vous (*mettre*) **5** .... le lave-vaisselle en route. Michel et son père (*mettre*) **6** .... cinq minutes pour tout ranger. Je (*mettre*) **7** .... la serviette dans le tiroir de la table. Nous (*mettre*) **8** .... la bouteille de vin dans le frigo.

Enrichissez votre **vocabulaire**

1 Où les range-t-on ?
Voici une liste d'objets : trouvez leur place.

1. ☐ la serviette de Michel
2. ☐ la bouteille d'eau
3. ☐ les assiettes sales
4. ☐ la bouteille de vin
5. ☐ la télé
6. ☐ l'ordinateur de Michel
7. ☐ le fauteuil

a. le salon
b. le tiroir du buffet
c. sa chambre
d. le lave-vaisselle
e. le placard
f. le salon
g. le frigo

ACTIVITÉS

Puis faites des phrases simples avec les éléments obtenus :

Exemple : *Michel range sa **serviette** dans **le tiroir du buffet**.*

2 Retrouvez les mots qui correspondent aux définitions.

1. On l'utilise pour s'essuyer la bouche, mais parfois on y met des livres. Qu'est-ce que c'est ? ....
2. Elles sont généralement toutes fraîches quand elles sortent, pourtant on ne les met pas dans le frigo. Qu'est-ce que c'est ?
   ....
3. Son homonyme se produit sur la scène, en général on s'en sert pour nettoyer. Qu'est-ce que c'est ? ....
4. Il y en a de drôles, d'instructives, d'ennuyeuses et on ne peut pas les toucher. Qu'est-ce que c'est ? ....
5. On dit que c'est la santé, mais on ne le pense pas toujours. Qu'est-ce que c'est ? ....
6. C'est un récipient que l'on utilise pour boire ; un de ses homophones est une couleur ; on trouve un autre de ses homophones dans une poésie.
   Qu'est-ce que c'est ? (trois mots) ....

Production **écrite**

DELF 1 Qu'imagine Julie à propos de son frère ?

1. Selon elle, Michel est devenu fou : imaginez ....
   ....
2. Michel est un comédien, il fait semblant d'être sage pour obtenir tout ce qu'il veut de la part de leurs parents : inventez un dialogue où Michel et Julie discutent ....
   ....
3. Ou encore ....
   ....

CHAPITRE 4
Comme le fil d'Arianne

Dans son labyrinthe, Michel est en train de pleurer. Il a très faim et très soif. Il est fatigué et pense à son lit, à sa chambre et à ses parents.

Ah, les bons petits plats [1] de sa maman ! Il se promet à lui-même qu'il mangera tout, même les carottes qu'il déteste tant. Ses parents lui manquent et sa sœur Julie aussi. Il plaisante toujours ; il est souvent désagréable avec elle et lui tire les cheveux : il est plus fort qu'elle, même s'il est plus jeune qu'elle. Il se moque toujours d'elle, de ses cheveux trop raides, de ses jambes trop maigres, de son nez un peu trop gros. Il promet aussi qu'il la laissera jouer avec son ordinateur. D'ailleurs, il ne le touchera plus, son ordinateur ! Juré, promis !

Il fait noir dans l'ordinateur et dans le labyrinthe, et il a peur. Il veut en finir et décide de chercher la sortie.

— Bon, essayons d'être rationnel. Alors, réfléchissons, quand

---

1. **Les bons petits plats** : les bonnes choses cuisinées par sa maman.

Comme le fil d'Arianne

le petit prince se trouve enfermé dans le labyrinthe, que fait-il ? Il va à gauche ou à droite ? Je ne me le rappelle plus...

Il continue à pleurer, désespéré.

— Ne nous décourageons pas [1] ! Mon prof de français m'a parlé d'un Thésée qui a réussi à sortir d'un endroit comme celui-ci. Il a pris un fil pour éviter de passer dans le même couloir et il a trouvé la sortie. Mais moi, je n'ai pas de fil ! Le Petit Poucet, lui, il a semé des cailloux. Qu'est-ce que j'ai dans les poches de mon pantalon ? Rien, je n'ai rien, mes poches sont vides. J'ai une idée, je peux prendre mon pull et défaire les mailles pour en faire une pelote de laine ! Bon essayons !...

Quelques minutes plus tard, Michel a renoncé, son pull semble indestructible.

— Je ne peux tout de même pas rester ici, je vais mourir de faim et de soif...

Tout à coup il a une idée : il va utiliser ses vêtements comme points de repère. Il enlève d'abord une de ses chaussures : une basket qu'il laisse dans un coin.

— Voilà, comme ça, je sais que je suis passé par ici.

Il continue le long du couloir et, à chaque croisement, il laisse d'abord son autre basket, puis une de ses chaussettes, l'autre, son pull, sa chemise, sa ceinture... Il marche depuis deux heures. Toutes les minutes, il regarde sa montre : c'est l'heure d'aller au lit maintenant. Qu'est donc en train de faire le petit prince ? Il lui a tout volé : sa maison, ses parents, sa chambre, son nom, tout ! Mais il ne se décourage pas, il continue à marcher : il va bien arriver quelque part.

---

1. **Se décourager** : perdre courage.

Michel et l'Autre

— Enfin, voilà la sortie ! fait-il soulagé.

Il fait bien attention, il sait que des dangers le guettent [1] : il connaît le jeu.

— Bon, la voie est libre, je peux passer !

Tout à coup, un bruit le fait sursauter !

Un énorme chien vient vers lui, il a l'air menaçant et aboie : il est terrifiant !

Tout tremblant, Michel s'approche du chien. Ses crocs [2] brillent dans l'obscurité : un véritable loup !

— Ouah, ouah, ouah ! fait le chien.

— Je t'en prie, laisse-moi passer. Je ne fais pas partie du jeu, je suis arrivé ici par hasard. Ne me mords pas !

— Ouah, ouah, pourquoi tu viens me déranger ? demande le chien d'un air méchant.

— Pardon, pardon, tu peux aller te rendormir si tu veux. Je ne ferai plus de bruit, je t'assure.

Le chien ne semble pas très convaincu [3], il penche la tête d'un côté puis de l'autre... puis :

— Bon, pour cette fois, ça va, mais ne me dérange plus, sinon, gare à toi ! [4]

— D'accord, mais où est la sortie ? demande Michel.

— La sortie ? Mais quelle sortie ? Il n'y a pas de sortie...

1. **Guetter** : menacer.
2. **Les crocs** : les dents pointues.
3. **Convaincu** : sûr.
4. **Gare à toi** : menace qui signifie « fais attention à toi, sinon... ».

A C T I V I T É S

Compréhension **orale**

DELF 1 Écoutez l'enregistrement du chapitre et cochez les réponses exactes.

1. Dans le labyrinthe, Michel a
   - a. ☐ froid et faim.
   - b. ☐ chaud et soif.
   - c. ☐ faim et soif.
2. Il pense qu'il
   - a. ☐ aime les carottes.
   - b. ☐ déteste les carottes.
   - c. ☐ cultive les carottes.
3. Avec sa sœur, il est
   - a. ☐ très gentil.
   - b. ☐ très méchant.
   - c. ☐ indifférent.
4. Il repense à Thésée qui est sorti d'un labyrinthe.
   - a. ☐ en utilisant un fil.
   - b. ☐ en semant de petits cailloux.
   - c. ☐ en défaisant son pull.
5. Pour sortir du labyrinthe sans se perdre, Michel décide
   - a. ☐ de semer ses vêtements.
   - b. ☐ de faire des signes par terre.
   - c. ☐ de semer des morceaux de pain.
6. Quand Michel est près de la sortie, il voit
   - a. ☐ un gros loup.
   - b. ☐ un gros chien qui ressemble à un loup.
   - c. ☐ un ogre.
7. Le chien
   - a. ☐ attaque Michel.
   - b. ☐ dort.
   - c. ☐ menace Michel.

ACTIVITÉS

2 Écoutez de nouveau l'enregistrement du chapitre et corrigez les phrases si nécessaire.

« Je ne peux tout de même pas rester là, je vais mourir

....

de faim et de froid… » Tout à coup il a eu une idée : il va utiliser ses

....

vêtements comme points de repère. Il soulève d'abord une de ses

....

chaussures : une tennis qu'il laisse dans un coin.

....

« Voilà, comme ça, je sais que je vais passer par ici. »

....

Il continue le long du chemin et, à chaque croisement, il laisse d'abord

....

son autre basket, puis une de ses chaussures, l'autre, son pull, sa

....

chemisette, sa ceinture…

....

3 Complétez le résumé du chapitre.

D'abord, Michel pleure. Il repense à sa famille, il regrette les bons **1** .... de sa maman, et même les disputes avec **2** .... Julie. Mais il ne peut pas rester sans rien faire ! Alors, il repense à l'histoire de **3** .... et du Petit **4** .... Thésée a réussi à sortir du **5** .... avec l'aide d'un **6** .... Pour retrouver son chemin dans la forêt, le Petit Poucet a **7** .... Michel sème ses **8** ...., ses chaussures, ses chaussettes. Il marche pendant deux heures, mais il ne trouve pas **9** .... Tout à coup, il rencontre **10** .... D'abord, **11** .... et Michel a très peur. Puis il se calme. Mais il dit qu'il est impossible **12** ....

Grammaire

Les comparatifs

*Il est **plus** fort qu'elle.*
*Il est **plus** jeune qu'elle.*

La comparaison peut porter sur une qualité, une action ou une quantité.

- Si la comparaison porte sur un **adjectif** :

plus ... que	Michel est **plus** jeune **que** Julie.
aussi ... que	Michel est **aussi** turbulent **que** Julie.
moins ... que	Michel est **moins** gentil **que** le petit prince.

- Si la comparaison porte sur un **verbe** :

plus que	Michel travaille **plus que** Julie.
autant que	Michel joue **autant que** sa sœur.
moins que	Michel joue **moins que** le petit prince.

- Si la comparaison porte sur une **quantité** :

plus de ... que (de)	Michel a **plus d'**exercices de maths **que** sa sœur.
	Michel a **plus de** devoirs **que de** leçons.
autant de ... que (de)	Il mange **autant de** carottes **que de** tomates.
moins de ... que (de)	Il a **moins de** livres **que de** jeux.

Attention ! Il y a des comparatifs irréguliers :

Bien → **mieux**	Julie travaille **mieux que** Michel.
Bon → **meilleur**	Les pommes de terre sont **meilleures que** les carottes.

ACTIVITÉS

1 Michel et Marc sont amoureux de Sophie. Sophie doit choisir, mais ce n'est pas facile. Elle demande conseil à son amie Valérie… qui a des idées tout à fait différentes. Complétez le dialogue.

Sophie : Michel est plus gentil que Marc !

Valérie : Ce n'est pas vrai ! Michel est **1** .... gentil que Marc. (*égalité*)

Sophie : Ils sont intelligents tous les deux ! Michel travaille aussi bien que Marc.

Valérie : Mais non ! Marc travaille **2** .... que Michel. (*supériorité*)

Sophie : En maths pourtant, Michel est aussi bon que Marc.

Valérie : Pas du tout ! Marc est **3** .... que Michel. (*supériorité*)

Sophie : Mais au lycée, Michel fait moins de bêtises que Marc.

Valérie : Ce n'est pas vrai ! Michel fait **4** .... bêtises que Marc. (*égalité*)

Sophie : Et Michel est plus beau que Marc !

Valérie : Non, moi, je trouve que Marc est **5** .... beau **6** .... Michel. (*égalité*)

2 Michel essaie de convaincre sa mère que le petit prince est un imposteur ! Complétez le texte en employant des comparatifs d'égalité.

Attention maman ! Il est comme moi : il est **1** .... blond **2** ....moi, il est **3** .... grand **4** .... moi, il aime jouer **5** .... moi, il déteste **6** .... les carottes **7** .... moi, il fait **8** .... fautes d'orthographe **9** .... moi, il joue avec l'ordinateur **10** .... bien **11** .... moi, mais, ce n'est pas moi, c'est un imposteur !

> **Faire ou ne pas faire ?**
>
> **Présent de l'indicatif**
>
> je fais
>
> tu fais
>
> il/elle/on fait
>
> nous faisons
>
> vous faites
>
> ils/elles font
>
> **Participe passé :** fait

❸ Complétez en mettant le verbe *faire* à la forme exacte.

— Qu'est-ce que tu **1** .... ?, demande Michel au petit prince.

— Tu vas voir, répond le petit prince, je **2** .... ce que toi, tu m'as **3** .... pendant des jours et des jours ! Je vais te **4** .... courir, sauter ! Tu n'imagines pas ce que les personnages des jeux vidéo **5** .... ! Tu vas voir !

— Oh non, attends ! **6** .... Michel, soyons amis, **7** .... la paix !

À ce moment-là, Julie entre dans la chambre. Elle se met à appuyer sur toutes les touches du clavier.

— Qu'est-ce qu'on **8** .... avec cette touche ? demande-t-elle.

Sur l'écran, Michel commence à sauter, vite, vite.

— Arrêtez, qu'est-ce que vous **9** .... ? crie-t-il à Julie et au petit prince. Mais ils ne l'entendent pas, ils ne **10** .... rien pour le délivrer.

— Vous me **11** .... mal ! hurle Michel.

— Mais on ne l'a pas **12** .... exprès ! dit julie, on joue !

— Je te **13** .... ce que toi, tu m'as **14** .... ! dit le petit prince.

ACTIVITÉS

Enrichissez votre **vocabulaire**

1 Pour marquer son chemin, Michel laisse ses vêtements. Retrouvez tous les termes appartenant au champ lexical des vêtements.

substantifs	verbes
poches, pantalon	*il enlève* ....
....	....
....	....
....	....
....	....

2 Aujourd'hui, Marc ne travaille pas, il va faire une promenade en montagne ; Martine, elle, doit aller au bureau. Comment s'habillent-ils ?

— Marc met ....
— Martine choisit ....

À quelle occasion met-on les vêtements que vous avez laissés de côté ?

ACTIVITÉS

3 Voici des listes de mots ; dans chaque liste s'est glissé un intrus. Retrouvez-le et dites pourquoi c'est un intrus !

1. une jupe — une robe — une cravate — des bas — des collants
2. un pull — un chandail — un maillot de bain — un manteau
3. un blouson — un manteau — une chemise — un anorak — un imperméable
4. un pantalon — des bas — une écharpe — des chaussettes — des collants

4 Voici des mots ; certains appartiennent à la même famille, ont la même racine. Regroupez-les.

> faim   punir   courageux   affamé   raison
> décourager   punition   courage   danger   soulagé
> famine   rationnel   encourager   raisonner

Deux mots restent seuls. Lesquels ?

5 Retrouvez dans le texte le contraire des phrases suivantes.

1. Il fait *jour* / ....
2. Il *adore* les carottes / ....
3. C'est l'heure de *se lever* / ....
4. Ses poches sont *pleines* / ....
5. Il *met* ses chaussures / ....
6. Ce chien est *rassurant* / ....

Production **écrite**

DELF 1 Michel trouve cette punition trop sévère. Il promet qu'il se comportera toujours bien. Et vous, à la place de Michel, quelles promesses feriez-vous ?

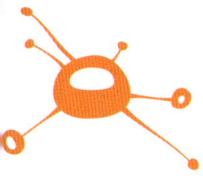

CHAPITRE 5
Le petit prince au collège[1]

À sept heures du matin, le petit prince se lève et va préparer le petit-déjeuner pour toute la famille. Il prend d'abord le café moulu[2], puis le met dans la cafetière. Ensuite, il met la nappe sur la table, prend les bols pour le café au lait, le sucre, les biscottes et le pain complet pour Mme Duvillier.

— Le petit-déjeuner est prêt ! crie-t-il.

Julie arrive la première et demande :

— Qu'est-ce qui se passe, la maison est en train de brûler ?

Elle bâille[3].

— J'ai sommeil… dit-elle.

— Voilà du café bien chaud, dit le petit prince.

— Tu sais bien que le matin je bois du chocolat… Qu'est-ce qui

---

1. **Le collège** : établissement scolaire que l'on fréquente après l'école primaire, pendant 4 ans (de 11 à 15 ans).
2. **Le café moulu** : du café en grains que l'on a passé dans un moulin à café, pour le réduire en poudre.
3. **Bâiller** : quand on a sommeil, qu'on s'ennuie ou qu'on a faim, on ouvre involontairement la bouche.

Michel et l'Autre

t'arrive ? Tu es tombé du lit ?

— Bonjour, Michel, comme tu es gentil ce matin ! dit Mme Duvillier. Elle va chercher le lait dans le réfrigérateur.

— Un peu de Banania dans ton lait ?

— Oui, maman, merci.

— Combien de morceaux de sucre ?

— Donne-m'en deux, merci, fait Julie.

Le petit prince est enfin prêt pour son premier jour de classe. Il a souvent entendu Michel parler de ses professeurs, de ses copains et de ses copines. Il se sent un peu nerveux. Après avoir préparé son cartable, il embrasse Mme Duvillier.

— Michel, tu ne traînes pas dans la rue avec tes amis, tu rentres directement à la maison. Tiens, voilà tes tickets de cantine [1], ne les oublie pas. Allez, dépêche-toi, tu vas rater [2] l'autobus. Au revoir !

À l'arrêt de l'autobus, trois filles l'appellent.

— Ohé, Michel ! Vite le bus arrive.

Le petit prince se met à courir et arrive quand l'autobus ferme ses portes.

— Moins une [3], fait la plus grande. Tu l'as attrapé de justesse ! Vous savez, les filles, M. Bachelard a dit qu'il interroge Michel aujourd'hui. Tu vas encore avoir un zéro. Et elle se met à rire.

— Si tu veux, Michel, on te souffle [4], ok ? dit la dernière des trois. Mais tu promets que tu nous accompagnes au ciné, samedi.

---

1. **La cantine** : lieu où l'on mange à l'école ou dans certaines usines ou entreprises.
2. **Rater** : ici, ne pas arriver à temps pour prendre l'autobus.
3. **Moins une** : expression familière pour dire qu'il est arrivé juste à temps.
4. **Souffler** : ici, dire les réponses sans se faire voir par le professeur.

Michel et l'Autre

D'accord ?

— D'accord, répond le petit prince.

L'autobus s'arrête. Les quatre jeunes descendent et franchissent[1] la grille du collège, puis traversent la grande cour. Ils entrent et montent au deuxième étage pour arriver à la salle 205, la salle de maths de M. Bachelard. D'autres jeunes attendent devant la porte, ils traînent un peu et hésitent à entrer. La cloche sonne. C'est l'heure. Quand le professeur de maths entre dans la classe, tous les élèves se lèvent, il y a un silence terrifiant.

— Bon, asseyez-vous. Je vais faire l'appel. Voyons, qui est absent aujourd'hui ? Ah ! M. Duvillier, vous êtes là ? Vous êtes bien courageux de venir en classe ce matin, dit-il d'un ton ironique. Eh bien, venez au tableau, vous voulez bien ?

— Alors, que pouvez-vous me dire sur le théorème de Pythagore ?

Le petit prince commence à parler. M. Bachelard, surpris, dit :

— Je constate avec plaisir que vous avez appris votre leçon. Bon, démontrez-moi cette règle !

Le petit prince prend une craie et fait toute la démonstration au tableau. Le professeur de maths regarde le petit prince :

— Eh bien, Michel, vous pouvez retourner à votre place, c'est très bien.

Quand il s'assied, son voisin lui demande :

— Mais qu'est-ce qui t'arrive, Michel, tu te sens bien ?

— Bien sûr, je me sens bien, pourquoi ?

— Je ne sais pas, tu as l'air tout bizarre...

— Eh Michel ! appelle la grande brune de l'autobus, tu

---

1. **Franchir** : passer la grille.

Le petit prince au collège

m'aideras pour mes maths ? Au fait, tu viens quand même au ciné, samedi ?

— D'accord.

— Bon alors, rendez-vous au même endroit que d'habitude.

— C'est où le même endroit ? demande le petit prince.

— Tu es tombé sur la tête ? C'est en face de la cafétéria Mammouth, tu as oublié ? Si ça continue, je vais croire que tu n'es pas Michel..., dit la grande brune en riant.

A C T I V I T É S

Compréhension **orale**

DELF 1 Écoutez l'enregistrement du chapitre et dites si les affirmations sont vraies (V) ou fausses (F).

	V	F
1. Le petit prince prépare son petit-déjeuner pour lui tout seul.	☐	☐
2. Julie prend du chocolat le matin.	☐	☐
3. Le lait se trouve dans le placard.	☐	☐
4. Mme Duvillier dit à son mari qu'il va être en retard à l'école.	☐	☐
5. Le petit prince ne rate pas l'autobus.	☐	☐
6. M. Bachelard est content de Michel.	☐	☐
7. Le petit prince ne sait pas faire la démonstration du théorème de Pythagore.	☐	☐
8. Le petit prince ne connaît pas l'endroit du rendez-vous habituel de Michel et de ses camarades.	☐	☐

2 Écoutez encore une fois l'enregistrement du chapitre et soulignez la bonne solution.

L'autobus (*s'apprête - s'arrête - arrête*). (*Des - Ces - Les*) quatre (*jeunes - gens - jaunes*) descendent et franchissent la grille du collège, puis (*transpercent - versent - traversent*) la grande cour. (*Ils entrent - Il entre*) et montent au (*deuxième - douzième - dernier*) étage pour arriver à la (*classe - salle - place*) (*1205 - 205 - 105*), la (*classe - salle - place*) de maths de M. (*Bachelard - Machelard - Fachelard*). D'autres (*jeunes - gens - jaunes*) attendent devant la porte, ils (*étrennent - traînent - draînent*) un peu et hésitent à (*rentrer - entrer - centrer*). La cloche sonne. C'est (*l'heure - l'or - l'ère*). Quand le professeur de maths entre dans la classe, tous les élèves (*s'élèvent - s'enlèvent - se lèvent*), il y a un silence terrifiant.

— Bon, asseyez-vous. Je (*vais faire - fais - ferai*) l'appel. Voyons, qui est (*absurde - absent - obscène*) aujourd'hui ? Ah ! M. (*Douvillier - Suvillier - Duvillier*) vous êtes là ? Vous êtes bien (*enragé - découragé - courageux*) de venir en classe ce matin, dit-il d'un ton (*ironique - sarcastique - sardonique*). Eh bien, venez au tableau, vous (*voulez - volez - voudrez*) bien ?

54

ACTIVITÉS

Compréhension **écrite**

Les personnages de l'histoire

1 Le petit prince.

Comment apparaît-il aux membres de la famille Duvillier ?

Julie pense qu'il ....
Mme Duvillier pense que son fils ....

Quelles différences y a-t-il entre Michel et le petit prince dans son comportement à l'école ?

Michel ne comprend rien ....
Au contraire le petit prince est ....
Et M. Bachelard lui a dit que ....

Que pensent ses camarades de collège ?

Le voisin de « Michel » lui dit que ....
La grande brune lui demande ....

Enrichissez votre **vocabulaire**

1 Complétez le résumé à l'aide des connecteurs suivants.

> puis   le matin suivant   quand   où   ensuite
> alors   mais   et   parce que   mais

1 .... le petit prince prépare le petit-déjeuner pour toute la famille Duvillier. **2** .... pour aller au collège, il prend l'autobus **3** .... il rencontre trois jeunes filles. **4** .... le professeur de maths arrive, il fait l'appel, **5** .... il interroge le petit prince alias Michel. **6** .... Michel le surprend **7** .... il sait sa leçon ; **8** .... la grande brune demande au petit prince (Michel) de l'aider **9** .... elle lui donne rendez-vous. **10** .... le petit prince (Michel) ne connaît pas le lieu du rendez-vous.

55

ACTIVITÉS

2 Relevez dans ce chapitre tous les mots se rapportant au champ lexical de la nourriture, puis classez-les dans deux colonnes en *liquides* et *solides* (n'oubliez pas l'article).

liquides	solides
de l'eau	du café moulu ....
....	....
....	....
....	....
....	....

3 Voici deux listes de mots, d'un côté il y a des aliments ou des liquides, de l'autre il y a des récipients ou des objets qui peuvent les contenir. Attention ! Il peut y avoir plusieurs solutions.

1. ☐ de l'eau
2. ☐ de l'huile
3. ☐ du vinaigre
4. ☐ du lait
5. ☐ du chocolat
6. ☐ du sucre
7. ☐ du café
8. ☐ des biscottes
9. ☐ du sel

a. un paquet
b. une bouteille
c. une cuillère
d. un verre
e. une tasse
f. un bol
g. une caisse de bouteilles
h. un sucrier
i. une salière

Grammaire

Les adverbes de temps

On les utilise :

- pour situer une action à un moment donné :
  — dans le passé :
  hier ; la veille ; autrefois ; tout à l'heure.

ACTIVITÉS

- dans le présent :
  aujourd'hui ; maintenant ; à présent.
- dans le futur :
  demain ; le lendemain ; bientôt ; tout à l'heure.
• pour indiquer plusieurs actions qui se succèdent :
  avant ; après ; ensuite ; puis ; enfin.
• pour marquer une rupture dans une action :
  tout à coup ; soudain ; alors.
• pour exprimer la durée ou la fréquence de cette action :
  - la durée :
  toujours ; longtemps ; peu de temps.
  - la fréquence :
  jamais ; souvent ; parfois ; quelquefois ; rarement ; toujours ; régulièrement.

1 Relevez dans le chapitre toutes les phrases où il y a des adverbes de temps, puis classez-les.

Que sentez-vous ?

Le verbe **sentir** est un verbe irrégulier du 3e groupe, son participe passé est **senti**.

On l'utilise pour exprimer une sensation physique ou un état d'âme ; il est alors réfléchi et intransitif : *se sentir gai - triste - fatigué - en forme* ou pour indiquer une sensation olfactive ou physique, suivi d'un complément d'objet : *sentir bon, mauvais, fort, sentir une bonne odeur, une odeur de chou*, etc.

Le **présent de l'indicatif** est identique dans sa construction aux verbes comme *sortir, servir, mentir, se repentir* etc.

je sens
tu sens
il/elle/on sent
nous sentons
vous sentez
ils/elles sentent

Son auxiliaire est **être** s'il est réfléchi : *je me suis senti(e) mal*, **avoir** s'il est transitif (c'est-à-dire suivi d'un complément d'objet direct) : *j'ai senti un parfum agréable*.

ACTIVITÉS

2 Complétez les phrases avec le verbe *sentir* ou *se sentir* au passé composé selon le cas.

Hier, vers cinq heures de l'après-midi, le petit prince **1** .... tout à coup heureux. Il **2** .... une très bonne odeur venant de la cuisine. Puis, il **3** .... une impression de bien-être le pénétrer. Mais soudain, en entrant dans la cuisine, il **4** .... quelque chose sur sa jambe : mon Dieu ! une souris ! il **5** .... mal. Quand il s'est réveillé, il **6** .... une odeur de vinaigre : Mme Duvillier lui passait un coton avec du vinaigre sur le visage ; alors, il **7** .... mieux et il **8** .... suffisamment en forme pour aider Mme Duvillier à la cuisine.

Production **orale**

DELF 1 Dites ce que vous mangez le matin au petit-déjeuner. N'oubliez pas d'utiliser les connecteurs temporels : *d'abord*, *ensuite*, *puis*, *enfin*...

Dites ce que prend Mme Duvillier au petit-déjeuner :

Elle boit ....
Elle mange ....

Elle ne mange pas ....
Elle ne boit pas ....

Moi, je bois ....
....

Attention à l'article partitif ! (elle mange **du** pain - elle ne mange pas **de** biscuits)

Les jeux vidéo

Petite histoire des jeux vidéo

Le premier jeu vidéo apparaît en 1972. Il s'appelle *Pong* et semble bien fade et triste face aux jeux d'aujourd'hui. Pong, c'était tout simplement une balle blanche que les joueurs se renvoyaient entre deux barres. Après Pong, les jeux ont pris de la couleur, du rythme, du caractère. Les concepteurs ont créé de véritables personnages. Mario, le super plombier, est le premier héros de la nouvelle génération de jeux. Ces nouveaux héros ressemblent de plus en plus à des hommes et à des femmes, mais ils ont toujours des pouvoirs extraordinaires. Certains, comme Lara Croft, ont même été portés à l'écran.

Quelques jeux …

DELF 1 Observez les présentations de jeux vidéo qui suivent et répondez aux questions.

1. À quel public ces jeux s'adressent-ils ?
2. Quel jeu est le plus cher ?
3. Julie adore les enquêtes policières. Quel jeu Michel peut-il lui offrir pour son anniversaire ?
4. Michel adore les jeux d'action. Quel jeu lui conseillez-vous ? Justifiez votre choix.

MONOPOLY TYCOON

Subtil croisement entre Monopoly et un jeu de simulation de cité, achetez vos rues préférées dans 21 pays différents et prospérez en construisant des logements ou des magasins en fonction des besoins de vos concitoyens. Jouez seul ou à plusieurs et admirez Monopoly City prendre vie !

Catégorie : Famille et Enfants
Prix : 19€ 95
Public conseillé : Tous publics

CLUEDO

Qui a tué le Professeur Lenoir à l'aide du chandelier dans le petit salon ? Le Colonel Moutarde ? Mademoiselle Rose ? À vous de mener l'enquête, tout seul ou à plusieurs, dans cette magnifique adaptation PC de l'un des jeux de société les plus populaires du XXe siècle.

Catégorie : Famille et Enfants
Prix : 19€ 25
Public conseillé : Tous publics

ACTION MAN : MISSION POLAIRE

Jeune aventurier en herbe : Action Man a besoin de toi ! Docteur X a encore frappé et tente une nouvelle fois de conquérir le monde. Aide ton héros préféré à déjouer les plans machiavéliques de son ennemi juré.

Catégorie : Famille et Enfants
Prix : 21€ 55
Public conseillé : Tous publics

2 Lisez l'article qui suit, puis répondez aux questions.

JEUX VIDÉO : ATTENTION, DANGER !

Les jeux vidéo sont en ce moment sur le banc des accusés. On les condamne d'abord pour des raisons médicales. En effet, on a constaté que des enfants, qui  restent trop longtemps devant leur jeu préféré, peuvent avoir de véritables crises d'épilepsie. Faut-il interdire les jeux vidéo ? Non, car ce serait impossible. Mais il faut recommander aux passionnés de ne pas rester trop longtemps devant leur écran.

Un autre reproche fait aux jeux vidéo, c'est leur violence. Une réglementation existe déjà, qui interdit la vente de certains jeux aux mineurs. Mais il est très difficile de la faire appliquer.

a. Pensez-vous que les jeux vidéo sont dangereux pour la santé ? Pour les yeux ?

b. À votre avis, certains jeux peuvent-ils vraiment inciter à la violence ?

CHAPITRE 6
Michel dans le champ miné [1]

 — Comment ça, pas de sortie ? demande Michel au chien.

— Non. On ne sort pas d'ici. On attend que quelqu'un allume l'ordinateur, et on obéit, c'est tout.

— Qu'est-ce qu'il y a par ici ? demande Michel en montrant du doigt un terrain vague [2].

— Par ici ? Je ne sais pas, je n'y suis jamais allé. Moi, je dois rester ici, dans ce secteur. Tu trouveras peut-être la sortie, qui sait ?

À ces mots, Michel le remercie et le salue ; il s'éloigne. Il a un peu froid avec son tee-shirt. Il arrive dans le champ. Les cailloux blessent [3] ses pieds nus, mais il ne s'arrête pas. La terre est sombre et il n'y a rien sur ce terrain, pas d'herbe, pas d'arbre, pas de fleur. Rien. Le vent souffle très fort. Michel a de plus en plus

1. **Le champ miné** : un terrain où il y a des mines, c'est-à-dire des explosifs.
2. **Un terrain vague** : un terrain abandonné, où il n'y a rien.
3. **Blesser** : faire mal.

Michel dans le champ miné

froid. La poussière entre dans ses yeux, dans sa bouche. Il n'y a personne. C'est le désert. Il n'y a pas de ciel non plus, pas de soleil ni d'étoile, mais l'air est gris et la température glaciale. Cela ressemble à la lune.

Pour avancer, Michel doit lutter contre un vent très fort. Tout à coup, sur sa gauche, un avion passe : c'est un avion ennemi.

« Ta, ta, ta, ta, ta... »

Il se couche par terre pour éviter les balles.

— Ouf ! il ne m'a pas blessé !

Il est obligé de traverser un pont, mais il doit se dépêcher parce que le pont est miné ; il a seulement trente secondes devant lui.

Un ; il court ; deux, trois, quatre, cinq ; il court plus vite ; six, sept, huit, neuf ; il est épuisé [1]... dix, vingt ; il n'a plus beaucoup de temps, vingt-neuf, vite... vite... ça va exploser !!!!

— Hourra ! J'ai réussi !!! Victoire !

Michel est sain et sauf de l'autre côté du pont. Mais il doit prendre un sous-marin pour traverser l'océan.

Il se précipite, le sous-marin va bientôt partir. Mais encore une fois il arrive à temps.

— Bon, maintenant, je vais pouvoir me reposer.

« Buzzz, Buzzzz, équipage aux postes de bombardement, équipage aux postes de bombardement, buzzz, buzzz... »

— Oh, non ! s'exclame Michel. Je suis crevé [2].

« Buzzz... ennemi en vue, préparez les missiles. Buzz... »

Une explosion se produit dans la salle des machines.

« Buzz, buzz !!!! Équipage prêt à attaquer. Tournez le bouton

---

1. **Être épuisé** : être très fatigué.
2. **Être crevé** : mot familier pour dire être très fatigué, sans forces.

Michel et l'Autre

en face de vous, appuyez sur la touche rouge, appuyez sur le bouton vert : feu !!!! Objectif atteint ! Mission accomplie. Buzz... Abandonnez le sous-marin. »

Michel se dépêche de sortir.

Une voiture l'attend. Un écriteau lui signale qu'il doit monter dans la voiture. Il obéit. La jeep part, elle va très vite.

— Mais je ne sais pas conduire ! crie Michel. Il prend quand même le volant. Tout à coup, un arbre tombe sur la route. Il ne sait pas comment faire pour arrêter la jeep. Il voit sur sa gauche un levier, il le tire.

— Hourra ! C'est le frein, s'exclame Michel. Mais malheureusement, sa jeep heurte l'arbre, la voiture fait un tonneau [1], puis deux, heureusement, il a attaché sa ceinture de sécurité ! Il ouvre les yeux, puis sort du véhicule ; un pneu est crevé [2], il n'y a pas de roue de secours. Tant pis, il est obligé de continuer à pied.

Cette fois, il doit traverser la jungle. Les arbres l'empêchent d'avancer. Les cris des animaux sont terrifiants.

« Hi, hi, hi » entend-il derrière lui.

« Wouaou, wouaou... »

— Ça, c'est un lion ! se dit-il. Il réfléchit.

— Mais, il n'y a pas de lion dans la jungle. Ces jeux sont complètement débiles [3] !

Des singes l'empêchent de passer. Un gorille monstrueux, qui ressemble à King Kong, est en face de lui.

---

1. **Faire un tonneau** : se retourner sur elle-même.
2. **Un pneu crevé** : un pneu avec un trou, donc à plat, qui ne peut plus rouler.
3. **Débile** : stupide.

Michel et l'Autre

— Alors, petit, on s'est perdu dans la jungle ? demande-t-il avec un sourire bizarre.

— Je veux rentrer chez moi ! fait Michel.

— Où est donc ton ami, le petit prince ? dit King Kong.

— Il a pris ma place chez mes parents... Monsieur le Gorille vous pouvez m'aider ?

— Qu'est-ce que tu me donnes en échange ? fait le singe.

— J'augmenterai la puissance de mon ordinateur. Vous aurez encore plus de force.

— Humm, je dois réfléchir à ta proposition...

Quelques minutes plus tard...

— Bon, je veux bien t'aider, mais je te demande autre chose : je veux le petit prince, d'accord ? Marché conclu ?

— Comment allez-vous faire pour m'aider ?...

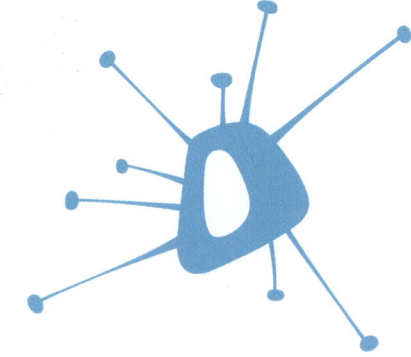

ACTIVITÉS

Compréhension **orale**

DELF 1 Écoutez l'enregistrement du chapitre et dites si les affirmations sont vraies (V) ou fausses (F).

	V	F
1. Il est impossible de sortir de l'ordinateur.	☐	☐
2. Le chien va souvent se promener dans le terrain vague.	☐	☐
3. Le chien doit se battre contre le petit prince.	☐	☐
4. Sur le terrain vague, il y a un jardin magnifique.	☐	☐
5. Michel se trouve dans un jeu de guerre.	☐	☐
6. Michel lance des missiles contre l'avion.	☐	☐
7. Michel doit prendre un sous-marin.	☐	☐
8. Quand il sort du sous-marin, il trouve une Ferrari.	☐	☐
9. Il a un accident parce qu'il ne sait pas conduire.	☐	☐
10. Dans la jungle, il rencontre des singes.	☐	☐
11. King Kong décide de l'aider.	☐	☐

2 Écoutez l'enregistrement du chapitre et complétez le texte.

À ces **1** ...., Michel le remercie et le salue ; il s'éloigne. Il a un peu **2** .... avec son tee-shirt. Il arrive dans le **3** .... Les cailloux blessent ses **4** .... nus, mais il ne s'arrête pas. La **5** .... est sombre et il n'y a rien sur ce terrain, pas d'herbe, pas d'**6** ...., pas de **7** .... Rien. Le **8** .... souffle très fort. Michel a de plus en plus **9** .... La poussière entre dans ses yeux, dans sa **10** .... Il n'y a personne. C'est le désert. Il n'y a pas de **11** .... non plus, pas de soleil ni d'**12** ...., mais l'air est gris et la température glaciale. Cela ressemble à la **13** ....

ACTIVITÉS

3 Corrigez le résumé du chapitre.

Michel quitte le gros chien et entre dans un magnifique jardin. Mais
....
tout à coup, il est attaqué par un hélicoptère qui lui lance des
....
bonbons. Il court, il court, et il arrive à un sous-marin. Il embarque
....
et il fait une traversée très tranquille. Puis il prend une jeep. Mais il
....
crève un pneu, parce qu'il passe sur des clous. Alors, il continue à
....
pied. Il entend une panthère et il rencontre des singes. Le plus petit
....
singe accepte de l'aider.
....

Grammaire

La mise en relief

C'est moi **qui** *le tue.*

Dans cette phrase, le sujet est mis en relief par la forme **c'est ... qui**. Pour la troisième personne du pluriel, on met le verbe au pluriel : **Ce sont ... qui**.

- On peut mettre ainsi en relief un nom :

    C'est Michel **qui** *est perdu.*
    C'est le gorille **qui** *aide Michel.*
    Ce sont ses amies **qui** *l'appellent.*

- Pour mettre en relief le pronom personnel sujet, on emploie les formes toniques : **moi, toi, lui, elle, nous, vous, eux, elles**.

    C'est toi **qui** *manges.*
    C'est nous **qui** *jouons.*
    Ce sont eux **qui** *ont gagné.*

ACTIVITÉS

- À la forme négative : **Ce n'est pas ... qui**, et au pluriel, **ce ne sont pas ... qui** :

    Ce n'est pas le petit prince qui est dans le jeu.
    Ce n'est pas lui qui allume l'ordinateur.

1 Transformez les phrases en mettant le sujet en relief.

Exemple : Le prof de maths a interrogé Michel ce matin.
           C'est le prof de maths qui a interrogé Michel ce matin.

1. Le lion ouvre la porte.
   ....
2. Il a allumé l'ordinateur.
   ....
3. Le vent l'empêche d'avancer.
   ....
4. Ils ont provoqué un accident.
   ....
5. Tu as pris ma place !
   ....
6. Nous aidons Michel à sortir du labyrinthe.
   ....
7. Le gorille veut tuer le petit prince.
   ....
8. Vous pouvez me donner plus de puissance.
   ....
9. Les bombes font exploser le sous-marin.
   ....

ACTIVITÉS

2 Répondez aux questions en utilisant la forme *c'est* (*ce sont*) ... *qui*.
Pour vous aider, voici les solutions... dans le désordre !

> les frères Lumière   Walt Disney   Paris
> les Français   Londres   Christophe Colomb

1. Qui a découvert l'Amérique ?
   ....
2. Qui a inventé le cinéma ?
   ....
3. Qui a fait le film *Bambi* ?
   ....
4. Qui a gagné la coupe du monde de foot en 98 ?
   ....
5. Quelle ville est appelée la Ville lumière ?
   ....
6. Quelle est la capitale de l'Angleterre ?
   ....

Je sais que tu sais... le verbe *savoir*

Encore un verbe irrégulier !

Présent de l'indicatif
je sais
tu sais
il/elle/on sait
nous savons
vous savez
ils/elles savent

Passé composé
j'ai su
tu as su
il/elle/on a su
nous avons su
vous avez su
ils/elles ont su

ACTIVITÉS

3 Complétez en mettant le verbe *savoir* à la forme qui convient.

— 1 ....-vous planter les choux ?

— Qu'est-ce que tu dis ?

— Rien ! Je chante ! C'est une chanson populaire. Tu 2 .... la chanter ?

— Non ! Je ne 3 .... pas les paroles !

— Les paroles, elles sont faciles ! En France, tous les enfants 4 .... cette chanson ! Même un bébé 5 .... la chanter !

— À l'étranger, nous ne 6 .... pas ! Tu peux me l'apprendre ?

— Oui, bien sûr ! Écoute-bien ! 7 ....-vous planter les choux, à la mode, à la mode, 8 ....-vous planter les choux, à la mode de chez nous !

Enrichissez votre **vocabulaire**

1 Retrouvez dans le chapitre les mots se rapportant à la nature et à la guerre.

la nature : *la lune, le champ, l'herbe* ....
la guerre : *ennemi, miné* ....

2 Un groupe d'élèves a écrit un tract pour le pacifisme, contre la violence. Mais il leur manque des mots. Aidez-les ! Tous les mots qui manquent sont dans le chapitre.

Contre toutes les **1** ....

Partout dans le monde, il y a des conflits et des guerres. On dépense de l'argent pour construire des appareils de plus en plus perfectionnés. Des **2** .... de guerre, armés de **3** ...., volent dans le ciel ; des **4** .... nucléaires parcourent les mers et les **5** .... Des hommes, des femmes et des enfants meurent sous les **6** .... Arrêtez le massacre !

NON À LA GUERRE ET À LA VIOLENCE ! OUI À LA PAIX !

ACTIVITÉS

3 Unissez les mots à leur contraire.

1. ☐ ami   a. faiblesse
2. ☐ se baisser   b. l'entrée
3. ☐ la sortie   c. il pousse
4. ☐ il monte   d. sortir
5. ☐ gauche   e. il ferme
6. ☐ rentrer   f. ennemi
7. ☐ puissance (force) g. se lever
8. ☐ il ouvre   h. il s'approche
9. ☐ il tire   i. il descend
10. ☐ il s'éloigne   j. droite
11. ☐ il part   k. il arrive

Production **écrite**

DELF 1 Imaginez une brève aventure, dont vous êtes le héros.

2 King Kong a promis d'aider Michel. Que va-t-il faire ? Racontez.

— Il va le prendre dans sa main et l'aider à franchir d'autres obstacles ....
....

— Il va le lancer très fort, comme une balle, et Michel va être projeté hors de l'ordinateur ....
....

— Il va appeler ses amis de la jungle et ensemble, ils vont aider Michel à sortir. ....

— Ou alors ? ....

DELF 3 Il y a un héros de jeu vidéo, de bande dessinée, ou de film que vous admirez particulièrement (super Mario ? Catwoman ? l'homme araignée ? Superman ?) Décrivez-le et expliquez quels sont ses pouvoirs.

CHAPITRE 7
Le petit prince fait la fête

  Il est trois heures de l'après-midi, le petit prince regarde dans l'armoire[1] de Michel.

— Ce jean est parfait ! Je le mettrai avec cette chemise et avec cette cravate. Ok !

Il va dans la salle de bains, prend une douche, se lave les cheveux. Il sourit, il est content. Il ira avec Martine, la grande brune qu'il a rencontrée le premier jour, et avec Isabelle au cinéma. Ils ont décidé d'aller voir un film comique : *La Crise*. Puis ils iront manger une glace et peut-être une pizza. Il est prêt.

— Oh la la ! fait Mme Duvillier, tu t'es fait beau ! Qu'est-ce qui t'arrive, toi qui ne veux jamais mettre de cravate ? Tu sors avec une fille ?

—Avec deux filles !

---

1. **L'armoire** : meuble dans lequel on range ses vêtements.

Michel et l'Autre

— Ne rentre pas trop tard, à huit heures à la maison, d'accord ?

— Bien sûr, maman ! Au revoir ! À ce soir.

Dans la rue, le petit prince s'amuse à regarder toutes les vitrines des magasins. Le boulanger a mis dans la sienne un joli gâteau tout rose. Le boucher, lui, a décoré [1] sa devanture [2] avec des saucisses et du jambon. Quant à l'épicier, il n'est pas content parce qu'un supermarché vient d'ouvrir juste à 500 mètres de chez lui et que les clients se font rares. Le poissonnier chante toujours des chansons un peu démodées [3] : « *Marinella* » de Tino Rossi, « *Vous qui passez sans me voir* » de Jean Sablon...

Il est agréable de vivre dans la peau de Michel : pas de souris qui clique quand il ne faut pas, pas de sentinelle, pas d'épée... c'est le paradis !

Au lieu du rendez-vous, il voit Martine et Isabelle.

— Ohé, Michel !

Le petit prince les salue de la main et traverse la rue pour les rejoindre.

— Vite, on va rater la séance [4] de quatre heures ! fait Martine, la grande brune.

À l'entrée, ils font la queue [5] devant le guichet.

— Le billet a encore augmenté : c'est 6 euros ! fait Isabelle.

— Que voulez-vous, Mademoiselle, tout augmente, répond le monsieur à la caisse. Trois entrées pour *La Crise* c'est 18 euros,

---

1. **Décorer** : arranger sa vitrine de façon artistique.
2. **La devanture** : ce qui se trouve devant, dans la vitrine.
3. **Démodé** : qui n'est plus moderne.
4. **La séance** : le moment de la projection du film.
5. **Faire la queue** : se mettre derrière les autres et attendre son tour.

Michel et l'Autre

vous allez sur votre gauche, c'est la salle verte, la séance commence dans deux minutes.

— Merci, monsieur, dit Isabelle.

— Dis, Michel, tu m'achètes des bonbons ? demande Martine.

— D'accord ! Où on les vend ?

— Là, juste en face de toi, vas-y, on t'attend dans la salle, répond Isabelle.

Le petit prince s'éloigne...

— Tu ne le trouves pas bizarre, Michel, ces derniers temps ? demande Martine.

— Oui, oui, tu as raison. Il se comporte d'une façon étrange, il est devenu bon élève, il s'habille comme un petit bourgeois, il ne dit jamais non. Il est peut-être amoureux de toi ?

— Je ne pense pas. Mais il est devenu hyper [1] ennuyeux. Il ne fait plus de blagues [2]. Moi je préfère le Michel d'autrefois. La prochaine fois, on va au ciné avec Pascal, avec lui on s'amuse.

— Oui, moi aussi je ne le supporte plus : toujours en train de dire « oui, d'accord, oui, d'accord » ; tais-toi, il arrive...

Puis Isabelle s'adresse au petit prince et lui dit, un peu durement :

— Alors, tu as trouvé les bonbons ?

— Oui, les voilà, et voilà les tiens, Martine. Chut ! Taisez-vous, le film commence.

— Mon Dieu, ce qu'il peut être rasoir [3] ! s'exclame Martine.

— Moi, je ne le supporte plus ! dit Isabelle. Et d'ailleurs, je m'en vais, je ne viens pas au ciné pour regarder le film, mais pour

1. **Hyper** : (fam.) très.
2. **Une blague** : une plaisanterie.
3. **Être rasoir** : (fam.) être ennuyeux.

Le petit prince fait la fête

m'amuser. S'il faut en plus se taire [1], alors non ! Tu viens avec moi, Martine ? On s'en va !

— D'accord, j'arrive.

— Mais les filles !!!!...

— Chut ! Taisez-vous ! crient des spectateurs. Ce sont toujours les mêmes petits voyous [2] qui font la fête au ciné, tous les samedis. Ce n'est pas un cirque, ici... Silence ou on appelle la police !...

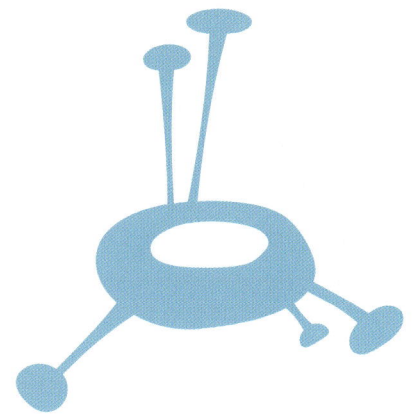

1. **Se taire** : ne plus parler.
2. **Petits voyous** : jeunes gens mal élevés, qui se comportent mal et qui commettent parfois des délits.

A C T I V I T É S

Compréhension **orale**

DELF **1** Écoutez l'enregistrement du chapitre et complétez les phrases.

Il est **1** ……………… heures de l'**2** ………………, le petit prince regarde dans l'**3** ……………… de Michel.
— Ce **4** ……………… est parfait ! Je le mettrai avec cette **5** ……………… et avec cette **6** ……………… Ok !
Il va dans la **7** ……………… de **8** ………………, prend une **9** ………………, se **10** ……………… les cheveux. Il sourit, il **11** ……………… content. Il ira **12** ……………… Martine, la **13** ……………… brune qu'il a rencontrée le **14** ……………… jour, et avec Isabelle au **15** ……………… . Ils ont décidé d'aller **16** ……………… un film comique : *La Crise*. Puis ils iront **17** ……………… une glace et peut-être une **18** ……………… . Il est **19** ……………… .
— Oh la la ! fait Mme Duvillier, tu t'es fait **20** ……………… ! Qu'est-ce qui t'arrive, toi qui ne veux jamais mettre de **21** ……………… ? Tu sors avec une **22** ……………… ?
— Avec deux **23** ……………… !

2 Répondez maintenant aux questions.

1. Quels vêtements choisit le petit prince ?
   ……………………………………………………………………………………
2. Pourquoi Mme Duvillier est étonnée de le voir habillé ainsi ?
   ……………………………………………………………………………………
3. Que pense-t-elle de son fils ?
   ……………………………………………………………………………………
4. Avec qui le petit prince a-t-il rendez-vous ?
   ……………………………………………………………………………………
5. Que vont-ils voir ?
   ……………………………………………………………………………………
6. Pourquoi Martine pense que Michel (le petit prince) est bizarre ?
   ……………………………………………………………………………………
7. Pourquoi décide-t-elle de partir avec son amie Isabelle ?
   ……………………………………………………………………………………
8. Pourquoi les spectateurs dans la salle sont-ils furieux ?
   ……………………………………………………………………………………

ACTIVITÉS

3 Complétez le texte.

Le petit prince choisit **1** .... dans **2** .... parce qu'il doit **3** .... avec **4** .... pour aller **5** .... Mme Duvillier lui demande ce **6** .... parce qu'elle est étonnée de le voir si **7** .... Une fois au cinéma, les trois jeunes gens achètent **8** .... et Isabelle est en colère parce que **9** .... Les deux jeunes filles demandent **10** .... et en son absence elles font des réflexions sur **11** .... parce qu'elles **12** .... Pendant la projection, elles veulent s'amuser mais **13** .... donc elles décident de **14** .... et les spectateurs **15** ....

Grammaire

Les pronoms possessifs

Les pronoms possessifs français sont très simples : ils se forment avec l'article défini **le - la - les,** qui correspond au substantif qui doit être remplacé, et que l'on met devant **mien, tien, sien, nôtre, vôtre, leur**.

Ces pronoms sont variables et suivent les règles normales de la formation du pluriel ou du féminin ; sauf **nôtre, vôtre, leur** qui prennent uniquement la marque du pluriel.

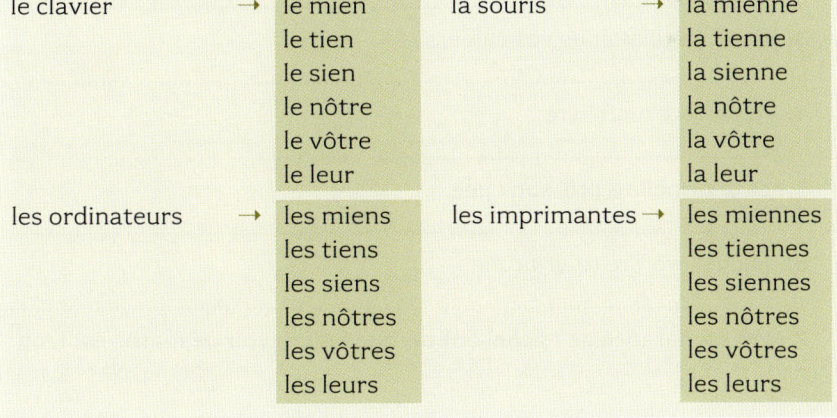

ACTIVITÉS

1 Relevez dans ce chapitre toutes les phrases où il y a un pronom possessif.

2 Martine et Isabelle sont en train de discuter. Mais voilà, elles sont jalouses l'une de l'autre, complétez avec des pronoms possessifs.

Martine : Ma mobylette est très puissante !
Isabelle : 1 …………… est plus puissante que 2 …………… .
Martine : Mes amis sont très sympa.
Isabelle : 3 …………… sont plus sympa que 4 …………… .
Martine : Mes lunettes sont très mignonnes.
Isabelle : 5 …………… sont plus mignonnes que 6 …………… .
Martine : Mes parents sont très compréhensifs.
Isabelle : 7 …………… sont plus compréhensifs que 8 …………… .
Martine : Mon petit ami est très gentil.
Isabelle : 9 …………… est plus gentil que 10 …………… .

3 Remplacez le nom précédé d'un adjectif possessif par le pronom correspondant.

Exemple : Michel a éteint son ordinateur. → *Il a éteint le sien.*

1. Isabelle et Martine ont appris leurs leçons de français.
   ……………………………………………………………………………………
2. Nous avons rencontré nos amis dans la rue.
   ……………………………………………………………………………………
3. Vous n'utilisez pas vos cahiers.
   ……………………………………………………………………………………
4. Je préfère mon livre.
   ……………………………………………………………………………………
5. La sentinelle a pris son épée.
   ……………………………………………………………………………………
6. Michel préfère sa vraie vie.
   ……………………………………………………………………………………
7. Les camarades de Michel ont dit que leur devoir de maths est trop difficile.
   ……………………………………………………………………………………

ACTIVITÉS

« Mais enfin, taisez-vous ! » crie le professeur

Le verbe *se taire* est un verbe irrégulier du 3e groupe, il est réfléchi, donc il se conjugue avec l'auxiliaire **être**. Son participe passé est **tu** (identique à *tu*, pronom personnel sujet) et il varie en genre et en nombre selon le sujet auquel il se rapporte.

Présent de l'indicatif	Passé composé
je me tais	je me suis tu(e)
tu te tais	tu t'es tu(e)
il/elle/on se tait	il/elle/on s'est tu(e)
nous nous taisons	nous nous sommes tu(e)s
vous vous taisez	vous vous êtes tu(e)s
ils/elles se taisent	ils/elles se sont tu(e)s

4 Conjuguez le verbe *se taire* au présent, au passé composé ou à l'impératif.

— Si vous ne vous **1** .... pas, je vais appeler le proviseur, a crié M. Bachelard à ses élèves.

Et immédiatement les élèves se **2** .... car ils avaient très peur des punitions. Mais Michel s'est levé et il a dit tout haut :

— Eh bien moi, monsieur, je ne me **3** .... pas !

— **4** ....-toi ! tout de suite ! a ordonné le professeur de maths, sinon je vais dire à ta mère que tu ne te **5** .... pas quand je rentre dans la classe.

— Vous exagérez, monsieur, nous nous **6** .... toujours quand vous entrez ! a répliqué Michel.

— Ce n'est pas vrai, mes élèves de cinquième, eux, ils se **7** .... quand j'arrive, mais pas vous ! Et puis ça suffit, maintenant, si tu ne te **8** .... pas, je te renvoie chez toi ! a crié M. Bachelard. D'ailleurs, j'ai trop parlé, vous apprendrez à être insolents. Prenez une feuille : interrogation écrite ! a-t-il continué.

ACTIVITÉS

Enrichissez votre **vocabulaire**

1 1. Retrouvez dans ce chapitre tous les mots appartenant au champ lexical des marchands.

— le *boulanger*, ...
....
....
....

1. Puis écrivez tous les mots appartenant au même champ sémantique que le nom de la profession.

— *boulanger, boulangère, boulangerie.*
....
....
....

2 Comment s'appellent-ils ?

1. Il vend dans une pâtisserie : c'est un pâtiss _ _ _
2. Il vend dans une charcuterie : c'est un charcut _ _ _
3. Il vend dans une crémerie : c'est un crém _ _ _
4. Il vend dans une épicerie : c'est un épic _ _ _
5. Il vend dans une boucherie : c'est un bouch _ _
6. Il vend dans un magasin de fleur : c'est un fleur _ _ _ _
7. Il vend dans un bureau de tabac : c'est un bur _ _ _ _ _ _
8. Il vend dans un magasin de disques : c'est un disqu _ _ _ _
9. Il vend dans une librairie : c'est un libr _ _ _ _
10. Il vend dans un magasin d'antiquités : c'est un antiqu _ _ _ _

3 Retrouvez les mots correspondant aux définitions.

1. Quand elle est froide, elle est bonne. Elle dit toujours la vérité parce qu'elle vole votre image. Qu'est-ce que c'est ? ....
2. On la met autour du cou et ce n'est pas pour se pendre. Qu'est-ce que c'est ? ....

ACTIVITÉS

3. En français familier, cela veut dire « voiture », ici elle contient de l'argent. Qu'est-ce que c'est ? ....

4. S'il y a une sortie, il y en a forcément une. Qu'est-ce que c'est ?
   ....

5. On la fait quand on est content. Qu'est-ce que c'est ? ....

6. C'est un vêtement masculin, mais on peut aussi mettre des documents dedans. Qu'est-ce que c'est ? ....

7. On fait souvent la queue devant, à la poste, à la gare, à la banque. Qu'est-ce que c'est ? ....

8. Il est électrique et les hommes l'utilisent pour avoir le visage net ; quand l'on est, on ennuie les autres. Qu'est-ce que c'est ? ....

4 **Voici une liste de mots avec leur définition : ce sont les anagrammes de mots qui se trouvent dans le chapitre (pour vous aider, on a repris la phrase du chapitre).**

1. Un SAULE, c'est un arbre qui pleure souvent. (*substantif*)
   Le petit prince .... ses camarades Martine et Isabelle. (*verbe*)

2. Une CAVE, c'est un endroit où on garde le bon vin. (*substantif*)
   Le petit prince va .... Martine et Isabelle au ciné. (*préposition*)

3. Une RIDE, c'est ce que les femmes n'aiment pas voir sur leur visage quand le temps passe. (*substantif*)
   Le petit prince est toujours en train de .... : « Oui, d'accord, oui, d'accord ». (*verbe*)

4. Le SEL, c'est ce qu'on met dans les aliments pour leur donner du goût. (*substantif*)
   « .... voilà », s'exclame le petit prince. (*pronom personnel*)

5. La SOIF, on en souffre si on n'a pas d'eau dans le désert. (*substantif*)
   Isabelle a décidé que la prochaine .... elle ira au ciné avec Pascal. (*substantif*)

6. TARIE, une source l'est quand elle n'a plus d'eau. (*participe passé*)
   Les spectateurs demandent aux trois jeunes de se ...., ils font trop de bruit. (*verbe*)

83

Production **orale**

DELF **1** **Inventez.**

1. Vous allez faire vos commissions au supermarché avec un copain. Quand vous arrivez à la caisse, vous n'avez pas assez d'argent. Imaginez le dialogue avec la caissière.
2. C'est samedi, au supermarché il y a beaucoup de monde. Une dame est en train de bavarder et vous empêche de passer. Vous vous mettez en colère : imaginez.
3. Vous êtes au cinéma. Une dame avec un très beau chapeau vient de s'asseoir juste devant vous, malheureusement elle ne l'enlève pas : imaginez ce que vous lui dites.
4. Vous êtes allé(e) acheter des bonbons pour votre ami(e) ; mais il (elle) ne les aime pas, et vous demande d'aller en acheter d'autres. Vous n'êtes pas d'accord.
5. Vous avez acheté un paquet de bonbons et vous trouvez une petite bête dans le paquet. Vous allez protester et demander au marchand de vous en donner un autre.

2 **Imaginez la suite.**

— Les spectateurs en colère appellent la police. Le petit prince est arrêté, mais puisqu'il a des pouvoirs magiques, il réussit à se libérer. ....

— Le petit prince décide de voir le film, tout seul. Tout à coup sur l'écran il y a une interférence : Michel apparaît et crie au secours. ....

— Ou encore ....

CHAPITRE 8
Ce n'est qu'un jeu

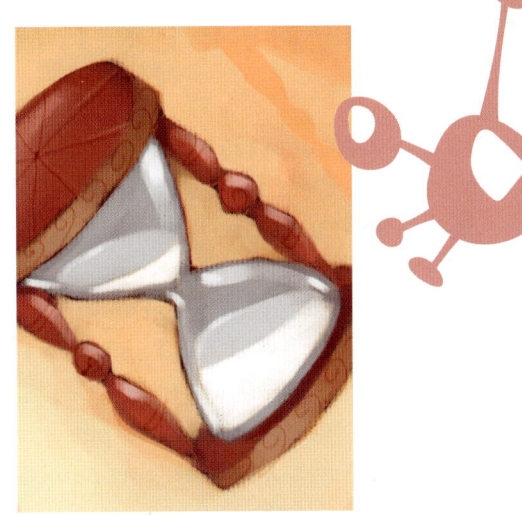

Comment je vais faire pour t'aider ? répète le gorille à Michel. C'est simple, il suffit que tu fermes bien fort les yeux et tout rentrera dans l'ordre. On essaie ?

— D'accord, je suis prêt.

Michel obéit aux ordres du singe et ferme les yeux, mais... rien n'arrive.

— Je suis encore là !, s'exclame Michel déçu [1].

— Cela n'a pas marché, mais à ta place, je recommencerais, fait le singe. Tu les as peut-être fermés sans conviction.

Michel recommence, mais cette fois encore, il ne se passe rien.

— Tant pis, fait le singe, cela sera pour la prochaine fois.

— Mais, moi, je veux m'en aller tout de suite. J'ai faim, j'ai soif, j'ai froid...

— Écoute, tu vois le sentier sur ta gauche, prends-le puis va tout droit, tu verras une toute petite maison, entres-y et quelqu'un t'aidera.

Michel suit les indications données par le singe. Finalement il arrive. Il frappe à la porte. Toc, toc, toc...

1. **Déçu** : participe passé du verbe *décevoir*. On l'est quand on espère quelque chose qui n'arrive pas.

Michel et l'Autre

— Qui est là ?, demande une voix terrible...
— C'est Michel Duvillier.
— Que veux-tu ?
— Je veux rentrer chez moi...
Un colosse [1] apparaît, immense, terrifiant.
— Ah, c'est toi, l'enfant à l'ordinateur ? Qu'est-ce que tu fais ici ? demande le géant.
— Je ne sais pas, le petit prince a pris ma place et moi, je me suis retrouvé ici, et je ne peux plus sortir, répond Michel désespéré.
— J'ai compris... Tu es dans une mauvaise situation. Si le petit prince allume l'ordinateur pour jouer, c'est toi qui devras combattre à sa place...
— Je vous en prie, monsieur le géant, libérez-moi...
— Bon, entre ! Je vais voir ce que je peux faire.
Michel suit le géant. Dans sa maison, il y a toutes sortes de livres, des étagères, un grand bureau et sur le bureau un sablier [2].
— Bon, dit-il, assieds-toi et écoute-moi. Tu vas répéter cette formule avec moi : Charabi, charaba, trucmuli et trucmula....
Puis, il retourne le sablier.
— Il faut le faire pendant cinq minutes, le temps que le sable tombe.
Michel fait ce que le géant lui demande.
— C'est bien, mais maintenant, il faut la dire à toute vitesse [3], debout sur un seul pied, en levant la tête très haut.
Michel obéit.
— Charabi, charaba, trucmuli et trucmula..., répète-t-il sur un

1. **Un colosse** : un géant.
2. **Un sablier** : appareil qui sert à mesurer le temps avec du sable qui coule très lentement.
3. **À toute vitesse** : très vite, très rapidement.

Michel et l'Autre

seul pied...

— Maintenant, il faut que tu sautes en la disant...

Michel obéit encore.

— Saute plus vite, maintenant, saute plus vite, plus vite... plus vite...

Michel, essoufflé [1], saute. De plus en plus vite. Puis tout à coup... il tombe, il tombe dans une sorte de tunnel sans fond, il dégringole [2] à une vitesse incroyable, vite, si vite dans le tunnel...

Tout à coup, un grand cri.

— Michel, Michel, réveille-toi !!!

Michel ouvre les yeux. Il regarde autour de lui. Ça a marché, il est dans sa chambre, à côté de son bureau... Sa mère le secoue violemment.

— On ne peut pas te faire confiance. Tu t'es endormi. Au lieu d'étudier les maths, tu dors. Enfin, tu me réponds !!! crie sa mère en colère.

Michel lui sourit, content d'être rentré à la maison.

— Ah, maman, c'est toi, ça me fait plaisir de te revoir !

— Et, en plus, il se moque de moi, tu vas voir, je vais le dire à ton père, il va te punir, lui. Tu as fait tes exercices ? demande sa mère très en colère.

— Je, euh...

— Tu sais bien que M. Bachelard doit t'interroger demain !

— C'est que, je ne me sens pas très bien...

Michel continue de sourire, très content : sa vilaine aventure n'était qu'un rêve.

— Et d'abord, qu'est-ce que tu fais là sans chaussures et en tee-shirt ? Tu avais trop chaud ?...

---

1. **Essoufflé** : qui a du mal à respirer.
2. **Dégringoler** : (fam.) tomber.

Compréhension **orale**

DELF 1 Écoutez l'enregistrement du chapitre et cochez la bonne réponse.

1. Le gorille conseille à Michel
   - a. ☐ de fermer la porte.
   - b. ☐ de fermer les yeux.
   - c. ☐ de fermer les volets.
2. Le singe dit à Michel
   - a. ☐ de renoncer.
   - b. ☐ d'aller manger.
   - c. ☐ d'aller dans une petite maison.
3. Dans la petite maison, Michel trouve
   - a. ☐ un autre singe.
   - b. ☐ un géant.
   - c. ☐ une sorcière.
4. Le géant dit à Michel de
   - a. ☐ lire un livre.
   - b. ☐ retourner le sablier.
   - c. ☐ répéter une formule.
5. À la fin de la formule, Michel
   - a. ☐ tombe dans un tunnel.
   - b. ☐ tombe par terre.
   - c. ☐ tombe sur la tête.
6. Il se retrouve
   - a. ☐ dans sa chambre.
   - b. ☐ dans un tunnel.
   - c. ☐ dans son lit.
7. Sa maman se met en colère
   - a. ☐ parce qu'elle croit que Michel se moque d'elle.
   - b. ☐ parce qu'il a perdu ses chaussures.
   - c. ☐ parce qu'il a fait disparaître le petit prince.

ACTIVITÉS

2 Écoutez encore une fois l'enregistrement du chapitre et choisissez la bonne solution.

— (*Comme - comment*) je (*vais - veux*) faire pour t'aider ? répète le gorille à Michel. C'est simple, il suffit que tu (*formes - fermes*) bien fort les yeux et tout rentrera (*en - dans*) l'ordre. On essaie ?

— (*D'accord - d'abord*), je suis prêt.

Michel obéit aux ordres du (*sage - singe*) et ferme les yeux, mais... rien n'arrive.

— Je (*suisse - suis*) encore là ! s'exclame Michel déçu.

— (*Ça - Cela*) n'a pas marché, mais à ta place, je recommencerais, fait le singe. Tu les as peut-être fermés (*sans - sous*) conviction.

Grammaire

En et *Y*

- **En** et **y** peuvent être adverbes de lieu :

    En indique uniquement la provenance ; **y** est employé dans les autres cas :

Je viens du lycée	→	*J'en viens*
Je vais au lycée	→	*J'y vais*
J'habite en Russie	→	*J'y habite*

- **En** et **y** sont aussi des pronoms personnels :

    En remplace un partitif, ou un complément de verbe :

Je veux du pain	→	*J'en veux*
Je parle de mon rêve	→	*J'en parle*

    Y remplace un complément introduit par la préposition *à* :

Je pense à mes vacances	→	*J'y pense*
Pense à faire tes devoirs	→	*Penses-y* !

ACTIVITÉS

1 Complétez ces phrases avec *en* ou *y*.

1. Tu es allé au marché ? Oui, j'………. viens !
2. J'adore le cinéma, je voudrais ………. aller ce soir.
3. Cette saison, les pêches sont magnifiques ! J'………. ai acheté deux kilos.
4. Mes amies ont adoré ce livre, elles m'………. ont beaucoup parlé.
5. Cette ville est très agréable, je suis vraiment content d'………. vivre.
6. Si tu ………. penses, écris-moi !
7. Le Japon est un pays fabuleux ! J'………. reviens et je suis déjà prêt à ………. retourner.

2 Michel a raconté son aventure à sa sœur Julie, mais elle ne veut pas le croire, elle pose beaucoup de questions à son frère. Complétez en utilisant *en* ou *y*.

— Tu as été dans l'ordinateur ? Mais c'est impossible !

— Mais non ! J'**1** ………. suis allé !

— Et tu as rencontré des géants, des monstres ?

— Bien sûr, j'**2** ………. ai rencontré beaucoup !

— Mais tu as parlé de cette histoire à maman ?

— Mais non, je ne peux pas lui **3** ………. parler ! Maman n'**4** ………. croirait pas !

— Si tu retournes dans l'ordinateur, tu m'emmèneras avec toi ?

— Tu es folle ! Je ne veux plus **5** ………. aller !

— Mais si, viens ! On va jouer ensemble et aller dans l'ordinateur !

— Non ! Ne me parle plus d'ordinateur ! Je ne veux plus **6** ………. entendre parler !

Soulignez en vert les pronoms et en rouge les adverbes de lieu.

3 Posez les questions. Attention ! Vous devez tenir compte de *en* ou de *y* qui se trouve dans la réponse !

1. ……………………………………………………… ? Non, je n'en veux pas.
2. ……………………………………………………… ? Bien sûr, j'y vais tous les soirs !

ACTIVITÉS

3. .... ? J'en viens !
4. .... ? Je préfère ne pas y penser.
5. .... ! Moi aussi, j'en ai peur !

Obéir

Le verbe *obéir* appartient au 2ᵉ groupe.

Présent de l'indicatif	Passé composé
j'obéis	j'ai obéi
tu obéis	tu as obéi
il/elle/on obéit	il/elle/on a obéi
nous obéissons	nous avons obéi
vous obéissez	vous avez obéi
ils/elles obéissent	ils/elles ont obéi

4 Complétez, en mettant les verbes entre parenthèses à la forme qui convient. Ce sont tous des verbes du 2ᵉ groupe qui se conjuguent comme *obéir*.

1. Quand tu n'................... (*obéir*) pas, ta maman te .... (*punir*).
2. En automne, les feuilles des arbres .... (*jaunir*).
3. Pour trouver la solution du problème, nous .... (*réfléchir*) beaucoup.
4. Vous êtes sévères ! Vous nous .... (*punir*) même quand nous n'avons rien fait !
5. Il n'a pas .... (*réussir*) son examen.
6. Nous, les filles, nous sommes timides ! Nous .... (*rougir*) pour un rien !

ACTIVITÉS

Enrichissez votre **vocabulaire**

1 Dans ce chapitre, nous sommes en pleine magie !
Retrouvez les mots, les expressions ou les inventions ayant un rapport avec l'imaginaire.

inventions : *le singe qui parle, le colosse* ....
mots : *formule, terrible, rêvé* ....

2 Vous possédez une baguette magique et vous connaissez des formules magiques. Que faites-vous à l'école, dans votre famille ? Qui voulez-vous transformer ? En quoi ?

3 Voici plusieurs mots. Regroupez ceux qui vont ensemble. Trois mots vont rester tout seuls : utilisez-les pour inventer une courte histoire.

formule   géant   ordinateur   désespéré   dingue
colosse   terrifiant   fou   chimpanzé   triste   singe
sablier   gorille   effrayant   débile   stupide

Production **écrite**

DELF 1 L'histoire se termine sur un mystère.

1. Alors, pour vous, Michel a vraiment vécu cette aventure, ou il a simplement rêvé ? Justifiez votre réponse, en tenant compte de tous les éléments de l'histoire. (Il a rêvé, mais il n'a pas ses vêtements : vous devez trouver une explication…)
2. Michel est revenu, mais où est le petit prince ?
— Il est de nouveau dans le jeu et il va devoir se battre avec le chien, le géant…
— Michel a pitié de lui. Il essaie de le libérer, de le faire sortir de l'ordinateur…

TEST FINAL

1 **Cochez les affirmations exactes.**

1. ☐ Michel est un jeune garçon qui adore les mathématiques.
2. ☐ Michel appartient à une famille nombreuse.
3. ☐ Pendant qu'il joue à un jeu vidéo, le personnage du jeu prend sa place.
4. ☐ La famille de Michel ne s'aperçoit pas que le petit prince a pris sa place.
5. ☐ Le petit prince a exactement le même physique et le même caractère que Michel.
6. ☐ Les amies de Michel n'apprécient pas le petit prince.
7. ☐ À l'intérieur de l'ordinateur, Michel s'amuse beaucoup.
8. ☐ C'est un gorille qui aide Michel à sortir de l'ordinateur.
9. ☐ Pour sortir, Michel prononce une formule magique en sautant.
10. ☐ La fin de l'histoire est mystérieuse.

2 **Trouvez l'intrus dans chaque liste de mots.**

1. un ordinateur — une souris — un rat — une imprimante — un écran — un clavier
2. une armoire — un lit — un lave-vaisselle — des étagères — une chaise — un bureau
3. une assiette — un verre — une bouteille — une serviette — des couverts — un vase
4. un tee-shirt — un blouson — une robe — un jean — un cartable
5. un sablier — un tunnel — une montre — une horloge — une pendule
6. la faim — le froid — le chaud — la soif — la glace
7. un sentier — une sentinelle — une route — un chemin — une voie
8. un rêve — un cauchemar — un désir — un souhait
9. un tunnel — un pont — une galerie — un souterrain

TEST FINAL

3. Mettez le verbe entre parenthèses à la forme correcte au présent, à l'impératif ou au passé composé.

1. Vous (*faire*) .... trop de fautes.
2. Michel (*ne pas obéir*) .... à ses parents.
3. (*s'asseoir*) .... !, dit le professeur aux élèves.
4. Pour faire ce puzzle, il (*falloir*) .... beaucoup de patience.
5. Vous (*ne pas dire*) .... la vérité.
6. Hier, Julie (*mettre*) .... un joli pull rouge.
7. Leurs enfants (*faire*) .... trop de bruit, les voisins protestent.
8. Tu (*savoir*) .... faire cet exercice ?
9. Elle a mal à la tête, elle ne (*se sentir*) ....pas très bien.
10. Pendant leur aventure, Michel et le petit prince (*réussir*) .... à tromper tout le monde.

4. Transformez les phrases au pluriel ou au singulier selon le cas.

1. Si tu te sens mal, prends un café, cela te remontera.
2. Vous ne sentez pas cette mauvaise odeur qui vient de la cave ?
3. Je me sens toute bête d'avoir répondu ainsi à ma mère, je vais lui demander pardon.
4. Il se sent un peu nerveux.
5. Elles se sentent un peu bizarres.
6. Nous sentons qu'il va y avoir de l'orage.
7. Est-ce que tu sens ce bon parfum ?
8. Il s'est senti très mal, alors on l'a emmené à l'hôpital.

TEST FINAL

5 Faites ces mots croisés.

Horizontalement

1. C'est avec cet instrument que Michel déplace la flèche du curseur de son ordinateur.
2. Article contracté avec la préposition *à*, utilisé par exemple devant le mot *lycée* — Pronom personnel sujet, féminin.
3. Unité de Valeur.
4. Verbe *aller* au présent — Négation.
5. On les utilise pour combattre (la sentinelle en a une).
6. Adjectif possessif masculin.
7. Préposition — Usage ou coutume.
9. Dans l'histoire, le petit prince l'est.

Verticalement

1. Libéré ; ici, c'est ce que le petit prince voudrait être.
2. Conjonction de coordination pour indiquer un choix — C'est ce que Michel fait sur les touches.
4. Qui n'est pas réelle — On l'utilise à la place de *oui* dans les réponses aux questions négatives.
5. Pronom personnel masculin — Verbe *être*, présent de l'indicatif, 3e personne du singulier sans *e*.
6. Société Lyonnaise — On l'utilise pour répondre affirmativement.
7. C'est ce que demande le petit prince à Michel, à propos de son ordinateur.